Introducción a las disciplinas espirituales

Introducción a las disciplinas espirituales

Roberto Amparo Rivera

ABINGDON PRESS / Nashville

INTRODUCCIÓN A LAS DISCIPLINAS ESPIRITUALES

Derechos reservados © 2008 por Abingdon Press

Todos los derechos reservados.
Se prohíbe la reproducción de cualquier parte de este libro, sea de manera electrónica, mecánica, fotostática, por grabación o en sistema para el almacenaje y recuperación de información. Solamente se permitirá de acuerdo a las especificaciones de la ley de derechos de autor de 1976 o con permiso escrito del publicador. Solicitudes de permisos se deben pedir por escrito a Abingdon Press, 201 Eighth Avenue South, Nashville, TN 37203.

Este libro fue impreso en papel sin ácido.

A menos que se indique de otra manera, los textos bíblicos en este libro son tomados de la *Santa Biblia*: Versión Reina-Valera 1960, derechos reservados de autor © 1960 Sociedades Bíblicas en América Latina. Usados con permiso. Todos los derechos reservados.

ISBN-13: 978-0-687-65580-9

08 09 10 11 12 13 14 15 16 17–13 12 11 10 9 8 7 6 5 4 3 2 1
HECHO EN LOS ESTADOS UNIDOS DE NORTEAMÉRICA

Contenido

Prefacio 7
Presentación 9
Prólogo 13
Introducción 15
Capítulo 1: Práctica de las disciplinas espirituales 19
Capítulo 2: La oración como disciplina espiritual 27
Capítulo 3: El ayuno 41
Capítulo 4: Lectura contemplativa de las Escrituras 51
Capítulo 5: La ofrenda como disciplina 61
Capítulo 6: La asistencia a la iglesia 73
Capítulo 7: La meditación como disciplina 83
Capítulo 8: La disciplina del perdón 91
Capítulo 9: Cuidado pastoral mutuo 99
Capítulo 10: La gratitud como disciplina 109
Referencias 117
Guía para el estudio 119

Prefacio

La Asociación para la Educación Teológica Hispana (AETH) es una entidad sin fines pecuniarios, dedicada a promover la formación teológica del pueblo hispano en los Estados Unidos, Canadá y Puerto Rico. Una de las tareas de la Asociación hacia el logro de sus metas es la publicación de materiales didácticos pertinentes y contextualizados a la realidad multifacética de las personas a quienes sirve. El presente volumen es parte de este esfuerzo.

Escribir sobre las disciplinas espirituales es un desafío complicado, especialmente para una persona de extracción pentecostal. Por un lado, uno practica las disciplinas como hábitos del corazón, sin detenerse a razonar o identificar bases teológicas para la práctica. Se hacen porque sí, porque definen lo que uno es como cristiano que procura agradar a Dios.

Por otro lado, muchas de las razones, implícitas o articuladas, que se van aprendiendo a través de los años no necesariamente responden a lo que es una disciplina espiritual. Disciplinas espirituales son manifestaciones de la gracia de Dios y respuestas humanas de fe correspondientes a dichas manifestaciones. Incluyen la oración, el ayuno, la ofrenda, la asistencia a la iglesia, la meditación, y el cuidado pastoral mutuo, entre otras.

El problema surge porque hemos aprendido a percibir estas disciplinas como métodos de control y manipulación de la voluntad y la misericordia divinas. Y nuestro Dios no se puede someter al control humano sin convertirse en un ídolo ridículo e inofensivo.

La lectura de este material puede ser incómoda porque desafía algunas de nuestras creencias sobre la oración y las demás disciplinas que se discuten. Sin embargo, también puede ser un ejercicio enriquecedor y liberador.

El teólogo judío Martín Buber decía que la diferencia entre teología y religión era la diferencia entre leer un menú y comer una cena. Ojalá que este pequeño volumen sirva de menú para estimular a los lectores y lectoras a sentarse a la mesa con Jesús y la comunidad de fe, a disfrutar del banquete que la práctica regular de las disciplinas espirituales promete.

Una palabra de gratitud al Dr. Justo L. González, quien insistió en que este libro saliera a la luz. También a la Iglesia de Dios en Puerto Rico, que se comprometió a contribuir para financiar la publicación. Meri Rivera leyó cada capítulo y le hizo sugerencias valiosas. Finalmente, gracias al Dr. Ildefonso Caraballo, Obispo Administrativo de la Iglesia de Dios en Puerto Rico, y al Reverendo Francisco Ortiz, presidente del Colegio Bíblico Pentecostal de la Iglesia de Dios, por su apoyo a este proyecto.

Roberto Amparo Rivera

Presentación

Escribir unas líneas para presentar un libro de Roberto A. Rivera es una oportunidad que por poco me roban el afán y el mucho trabajo que tengo en este momento como Obispo Administrativo de la iglesia. Pero no; aquí estoy sentado frente a la computadora, con mis dedos en el panel de letras y la mente corriendo a una velocidad que no puedo controlar.

Mi primer contacto con Roberto A. Rivera fue en los campamentos de jóvenes de la Iglesia de Dios Mission Board cuando yo daba mis primeros pasos en las lides del liderazgo. Recuerdo de esos días su predicación "diferente". Era diferente porque presentaba las verdades bíblicas desde una perspectiva que nunca antes había escuchado. Predicaba de Dios y de Jesús, y utilizaba a Snoopy y a Carlitos, personajes de tirillas cómicas, como ilustraciones. Luego entre los jóvenes despedazábamos la predicación analizándola e integrándola a nuestra vida. En esos días Roberto Amparo era el Director de Editorial Evangélica, la casa de publicaciones en español de la denominación, y le compartí mi deseo de escribir en *La Senda Iluminada*, revista juvenil que él editaba. Me animó a que le hiciera llegar mis escritos incipientes y grande fue mi sorpresa al verlos publicados posteriormente. Así crecí en el liderazgo oyéndolo de cerca y leyéndolo de lejos.

En el Colegio Bíblico Pentecostal tuve la oportunidad de trabajar como profesor a tiempo completo bajo su presidencia. Allí aprendí de su talento administrativo y académico. Me hizo sentir como un par, dio atención a mis recomendaciones y sugerencias, me dio libertad para crecer y conocer más a fondo los caminos de la dirección de una institución académica. Cuando regresó a la Editorial Evangélica me llamó para darme la oportunidad de escribir el material para las lecciones de escuela bíblica. Fue una experiencia que disfruté de la mano del Maestro.

Algunos años atrás pensé que iba a perder a un amigo, a un mentor y a un maestro. Pero Dios en su bondad nos lo ha regalado por un tiempo más. ¡Y cómo lo he disfrutado! Se cumplió aquella palabra que le dijeron: "El Señor va a recoger todos los pedazos, sin que se le pierda ni uno, y va a hacer un mundo nuevo para usted" (*No me dejes solo*, 29). Como se mudó a vivir en Puerto Rico, después de una crisis de salud, he tenido la oportunidad de tenerlo cerca y disfrutar de sus conferencias, mensajes y consejos. Nunca olvidaré el día que en la Capilla del Colegio me tomó de la mano para ilustrar cómo el buey viejo se enyunta con el buey joven para enseñarle los secretos de abrir el surco. Literalmente, así él me ha tomado. En los últimos años, he disfrutado al observarlo compartir con Ildefonso Antonio (mi hijo) tomados de la mano y riéndose de sus ocurrencias y de sus análisis.

Ahora lo cuidamos y él se cuida. Especialmente lo cuida su amada esposa Meri, ya que su salud es precaria. Atesoramos cada palabra, cada gesto, cada consejo, cada predicación de este maestro del siglo XX y del XXI. Por esto te digo, amado lector o lectora, que al tener en tus manos este libro, estás recibiendo un tesoro. Un tesoro de sabiduría y espiritualidad forjado en los campos borincanos de su pueblo natal, Carolina; en los púlpitos y los salones de clases sencillos y encumbrados del mundo; en los valles de sombra de muerte caminados y en el hogar ministerial que me enseñó: "hasta aquí llega el Colegio y comienza el hogar de la familia Rivera".

En el presente volumen Roberto nos enseña sobre las disciplinas espirituales. Lo hace con su acostumbrado estilo sencillo, pero a la vez profundo. Nos advierte que el control humano afecta la práctica de las disciplinas. Nos invita a dejar de pensar que controlamos a Dios. Nos recuerda el aspecto comunitario de las mismas. Nos reta a ver otros aspectos de la vida cristiana como disciplinas espirituales: la asistencia a la iglesia, el perdón y el cuidado pastoral mutuo. Revisa nuestras conocidas frases y nos pone a pensar sobre su uso correcto. Desde esta plataforma una vez más el

Presentación

Maestro nos enseña, nos forma y nos reta a desaprender, para volver a aprender. ¡Gracias, Maestro!

Dr. Ildefonso Caraballo
Obispo Administrativo
Iglesia de Dios en Puerto Rico

Prólogo

Como bien dice el Dr. Caraballo, escribir el prólogo de un libro escrito por Roberto Amparo Rivera resulta retador y estimulante. En mi caso debo confesar que me concede un extraordinario honor. Es retador porque Roberto posee una prosa ilustrada, metafórica, con una riqueza en el arte de la construcción de parábolas como solamente él sabe hacerlo. ¿Qué lector no queda flechado por esos dardos punzantes lanzados con la precisión de este escritor? Los temas más áridos son traducidos en material refrescante y agradable al paladar. Tal es el tema del presente ejemplar. ¿Qué imágenes aparecen en el escenario de nuestra mente cuando escuchamos la palabra "disciplina", indistintamente del adjetivo descriptivo: disciplinas espirituales, disciplinas cristianas y otras?

Es posible que a usted, al igual que a mi persona, la sola mención de la frase le cause repulsión y dolor. Roberto, quien viene de una extracción rural y pentecostal, está muy consciente de esa carga emocional que emerge de esta temática. Como un excelente pedagogo y hermeneuta lo revierte en notas sonoras de enseñanza, reflexión y buen humor. Acabo de detenerme en mi recorrido por el libro para reírme con gusto de la expresión: "La palabra Santa de Dios... si es de Dios, ¿porqué no se la devolvemos ya que nosotros no la usamos para nada?" Cuando lea la expresión en el contexto en que escritor hace el relato, de cierto coincidirá conmigo.

Considero importante destacar el giro de ciento ochenta grados que Roberto le da a lo que tradicionalmente se enfatizaba en la práctica de las disciplinas cristianas. Ese antiguo énfasis de "cumplir", "pagar el precio" y "consagrarse" como una especie de chantajear a Dios. Estamos ante una relectura que nos invita a trascender el individualismo de la *"fuga mundi"*, a una experiencia comunitaria de fe. Expresiones como éstas abundan en el presente volumen: "participamos de las disciplinas espirituales en la conciencia colectiva"..."no estamos solos aunque estemos solos"..."La práctica de las disciplinas como disfrute del banquete comunitario". Estas expresiones junto a otras igualmente contundentes nos invitan no sólo a la lectura que de cierto es amena y enriquecedora, sino a una genuina reflexión sobre el "ser" de nuestra vida cristiana más allá del saber.

Rvdo. Francisco Ortiz Ocasio
Presidente
Colegio Bíblico Pentecostal de Puerto Rico

Introducción

Los hábitos y costumbres de los seres humanos facilitan la vida. Imagínese que usted tuviera que aprender a cepillarse los dientes, tomar el desayuno, peinarse o vestirse, como si cada una de estas cosas fuera una tarea nueva cada mañana. La vida sería por demás tediosa y no le sobraría tiempo para hacer nada más. Pero éstos son hábitos que se hacen sin pensar, como cosa natural.

El diccionario define hábito como la facilidad adquirida por la constante práctica de un ejercicio. Es sinónimo de costumbre; algo que por la práctica adquiere fuerza de ley hasta convertirse en una segunda naturaleza. El énfasis está en la práctica constante.

Por ejemplo, cuando el gobierno pasó una ley haciendo obligatorio el uso del cinturón de seguridad en los automóviles, a muchos automovilistas se les hacía difícil cumplir la ley. Utilizaban el cinturón para viajes largos; pero si iban al correo o al supermercado de la esquina, no lo consideraban necesario. De ese modo, nunca formaban el hábito de abrocharse. Ni siquiera las multas que imponía la policía a los violadores producían el resultado deseado.

El gobierno cambió la estrategia. Inició una campaña instando a los automovilistas a abrocharse el cinturón siempre, aunque solamente fueran a mover el vehículo unos metros del garaje al patio para lavarlo. A hacerlo para salvar la vida y no sólo para evitar multas. Así se fue desarrollando el hábito y hoy día la inmensa mayoría de automovilistas se ajustan el cinturón de seguridad automáticamente, independientemente de si les imponen multas por no hacerlo.

Lo mismo ocurre en la vida cristiana. Hay un conjunto de cualidades, inclinaciones y usos, es decir, costumbres, que forman el marco de referencia de lo que es vivir la vida cristiana. Son prácticas habituales que se hacen sin siquiera analizarlas intelectualmente porque ya son "facilidades adquiridas" e incorporadas a la naturaleza misma de las personas. Estas facilidades se conocen como disciplinas espirituales, o como les llaman algunos escritores, "hábitos del corazón". Son disciplinas porque se practican regularmente, como parte de nuestra respuesta normal de fe en obediencia a la presencia, poder, y actividad de Dios. Son espirituales porque constituyen manifestaciones de la gracia en el pueblo de Dios.

Otra acepción de la palabra hábito es el vestido o traje que cada uno usa, según su estado, ministerio, profesión, o función en la sociedad. Por ejemplo, se le llama hábito a la ropa especial que usan los religiosos en un convento. Aunque el uso de la palabra es menos común, la toga que usa un juez en el tribunal, la sotana del sacerdote católico, la camisa con cuello clerical de algunos pastores evangélicos, la ropa camuflada "de fatiga" que visten los soldados en el campo de batalla, son también ejemplos de lo que podría llamarse hábito.

Dice el refrán popular que "el hábito no hace al monje, pero lo distingue". En otras palabras, el ropaje particular identifica a la persona y dice algo acerca de su ocupación, sus valores e intereses.

En la Biblia se usa con frecuencia la metáfora del vestido para ilustrar las prácticas, usos y costumbres de la vida piadosa. Algunos ejemplos:

Adórnate ahora de majestad y de alteza,
Y vístete de honra y de hermosura.

Job 40:10

Fuerza y honor son su vestidura;
Y se ríe de lo por venir.

Proverbios 31:25

En todo tiempo sean blancos tus vestidos,
y nunca falte ungüento sobre tu cabeza.

Eclesiastés 9:8

Introducción

Andemos como de día, honestamente; no en glotonerías y borracheras, no en lujurias y lascivias, no en contiendas y envidia, sino vestíos del Señor Jesucristo, y no proveáis para los deseos de la carne.

Romanos 13:13-14

Vestíos de toda la armadura de Dios, para que podáis estar firmes contra las asechanzas del diablo.

Efesios 6:11

Vestíos, pues, como escogidos de Dios, santos y amados, de entrañable misericordia, de benignidad, de humildad, de mansedumbre, de paciencia.

Colosenses 3:12

De manera pues, que los hábitos o disciplinas espirituales no solamente incluyen las prácticas, sino también las actitudes, intenciones y pensamientos con que se "visten" quienes profesan la piedad como estilo de vida.

No todas las prácticas de la vida cristiana se hacen por hábito. Algunas responden a la necesidad, al temor de exponernos a un castigo eterno, a agendas privadas que nos conviene adelantar, y a otras causas que pueden ser meritorias. Por ejemplo, alguien que no acostumbra orar pude hacerlo desesperadamente cuando el médico le dice que la pequeña masa que le salió en el seno derecho resultó cancerosa. Otra persona que rara vez va al templo se convierte en un asiduo asistente cuando su hija del alma le anuncia que sus preferencias sexuales son diferentes de lo que él piensa. Y así por el estilo.

En esta obra se examinan prácticas tales como la oración, el ayuno, la lectura de la Biblia, el perdón, la asistencia al templo y otras, desde la perspectiva de un pastor pentecostal. Analiza bajo qué circunstancias dichas prácticas pueden considerarse disciplinas espirituales. Al final de cada capítulo incluye una breve reflexión sobre el tema correspondiente. El libro culmina con una guía para estudio, con preguntas de comprensión y reflexión.

El autor utiliza el judaísmo como marco de referencia en el análisis de varias disciplinas, por cuanto el cristianismo es descendiente directo del judaísmo. El fundador de la iglesia cristiana fue un judío practicante, y los primeros miembros fueron todos judíos. Éste es un hecho que muchos cristianos han perdido de vista y que este volumen indirectamente ayuda a recobrar.

Muchas de las prácticas de la vida cristiana hallan su fundamento en las formas en que los judíos interpretaban y respondían a su relación de intimidad con Dios y con el prójimo. Las Escrituras cristianas, comúnmente llamadas Nuevo Testamento, se entienden a la luz de las Escrituras hebreas, conocidas como Antiguo Testamento. Esta identificación, en particular la de Antiguo Testamento, es en cierto sentido desafortunada. Para algunas personas, "antiguo" tiene la connotación de algo que está en desuso, anticuado, que pertenece a otra época lejana. Por consiguiente, en ocasiones nos enfrentamos a las Escrituras hebreas como si fueran algo del pasado, sin pertinencia para hoy.

Sin embargo, el Antiguo Testamento es tan palabra de Dios, viva y eficaz, como el Nuevo Testamento. El análisis que presenta el autor en estas páginas ejemplifica esta verdad. La oración cristiana tiene sus raíces en las prácticas antiguotestamentarias. Lo mismo ocurre con el ayuno, las ofrendas, el cuidado pastoral mutuo, y otras disciplinas espirituales.

Este material se presta para un curso sobre espiritualidad, tanto a nivel de instituto bíblico como de seminario. También puede usarse para estudios bíblicos en el templo, o sencillamente para reflexión individual o en grupo sobre la calidad de la vida cristiana.

El objetivo principal es despertar conciencia sobre cómo las disciplinas espirituales facilitan y enriquecen la vida cristiana y de ese modo estimular a los lectores y lectoras a practicarlas hasta que se conviertan en hábitos del corazón.

Capítulo 1
Práctica de las disciplinas espirituales

Formación espiritual en contexto

$\mathcal{I}$maginemos a un observador contemplando a través de un telescopio a un cuerpo celeste en la profundidad del espacio. ¿Qué cosas afectan lo que la persona ve? Como ejemplo, podemos mencionar la calidad del lente, las condiciones del tiempo, la preparación académica del observador, su estado de ánimo, experiencias previas, propósito de la observación, y muchos otros elementos. En resumidas cuentas, bajo ningún concepto la observación es totalmente objetiva, sino que de algún modo es afectada por el contexto.

De igual modo ocurre cuando contemplamos la vida en Cristo. El contexto formado por nuestros prejuicios, hábitos, creencias, actitudes, relaciones personales y corporativas, patrones de respuesta y reacción a las experiencias diarias de la vida, entre muchos otros elementos, afecta positiva o negativamente nuestra manera de percibir, juzgar, interpretar y responder a la presencia, el poder y la acción de Dios.

El concepto de disciplinas espirituales se refiere a las prácticas de la vida cristiana que nos ayudan a encarnar la vida de Cristo en el mundo. Entre otras, están la oración, el ayuno, la lectura de la Biblia, la participación en la liturgia, la confraternidad, la confesión y el perdón dado y recibido, las ofrendas, y la vida comunitaria. Estas cosas se convierten en *disciplinas* cuando se practican regularmente, como parte de nuestra respuesta normal de fe en obediencia a la presencia, poder, y actividad de Dios. Se convierten en disciplinas *espirituales* cuando son manifestaciones de la gracia de Dios en nuestras vidas, y no intentos nuestros por manipular, controlar o negociar con Dios para adelantar nuestras propias agendas, por nobles y valiosas que sean estas últimas.

La definición de disciplinas espirituales como manifestaciones de la gracia de Dios y respuesta humana de fe a dichas manifestaciones podría compararse con lo que los profesores Agnes Cunningham, del Seminario Mundelein, y John Weborg, del Seminario Teológico North Park, en Illinois, EE.UU., denominan el "movimiento místico" de la teología espiritual. Se refieren a un despertamiento de formación espiritual de fines del siglo XIX y principios del XX, el cual enfocaba la totalidad de la fe como la experiencia viviente del cristianismo en su plenitud. De igual modo, las disciplinas espirituales no son prácticas aisladas, sino que reflejan una integración de la totalidad de la fe, una participación en "el misterio de la intersección del tiempo y la eternidad en Cristo", citando de nuevo a dichos profesores.

Espiritualidad bíblica y disciplinas espirituales

Un problema con la palabra "disciplina" en el contexto religioso es que hemos aprendido a asociarla con cosas negativas, restricciones, castigos. Tradicionalmente, cuando en la iglesia se dice que una persona "está en disciplina", esto quiere decir que ha sido castigada y que sus derechos y privilegios como miembro de la comunidad de fe han sido severamente restringidos. Por su parte, el diccionario teológico define disciplina como la regulación de la vida por principios y reglas, lo cual también sugiere austeridad y restricciones.

El control mediante reglas es disciplina impuesta, mientras que la regulación por principios es autodisciplina. Esta última también puede incluir reglas, pero son auto-impuestas. La regulación por principios es el nivel más elevado, siempre y cuando los principios sean afines con la fe cristiana. La madurez de una persona se mide por su capacidad para vivir contenta dentro de un sistema de reglas sin perder el sentido de libertad esencial. De esta persona se puede decir que ha alcanzado un alto nivel de espiritualidad.

Sin embargo, la espiritualidad bíblica tiene poco que ver con asuntos de reglas, principios y técnicas y mucho que ver con la orientación de la comunidad hacia Dios en el mundo. En palabras de Sandra M. Schneiders, profesora de estudios del Nuevo Testamento y espiritualidad cristiana en la Escuela Jesuita de Teología, espiritualidad cristiana es la experiencia vivida de la fe cristiana. Somos incorporados en la vida divina por el don del Espíritu Santo, a través de una fe auto-trascendente en la cual la unión con Dios en Jesucristo se expresa en servicio al prójimo y participación en la realización del reino de Dios en este mundo.

Según Schneiders, la vida de fe tiene tres coordenadas que le proveen marco de referencia a la espiritualidad: 1) comunidad del Espíritu, en la cual vivimos la fe, 2) Palabra y sacramento, que nutren la fe, 3) ministerio basado en la misión, mediante el cual expresamos y compartimos la fe.

La comunidad es el organismo vivo y dinámico que hace posible la participación humana en la realización del reino divino. La respuesta a la presencia y acción divinas es intensamente personal, pero no individualista. Necesariamente respondemos como miembros del pueblo del Pacto, integrados mediante la presencia del Hijo en el poder del Espíritu como hijos e hijas en la familia sobrenatural del Padre común. Aun cuando oramos, leemos la Biblia, o participamos a solas en otras experiencias espirituales, lo hacemos en la conciencia colectiva de un ambiente comunitario. No estamos solos aunque estemos solos.

La Palabra nos abre puertas al diálogo transformador con el carácter y la acción de Dios. Los rituales que en algunas confesiones de fe llaman sacramentos y en otras ordenanzas, como por ejemplo el bautismo y la Cena del Señor, podrían visualizarse como parábolas actuadas de la vida en comunidad. Representan experiencias en las cuales la comunidad recibe y celebra la bendición de Dios hoy, mientras hace memoria de los actos salvíficos de ayer, y se proyecta en esperanza a las promesas de mañana.

Mediante la misión, la comunidad se compromete deliberadamente con Dios a encarnar a Cristo en el mundo y a proclamar a todos los pueblos las buenas noticias de su amor y fidelidad.

La formación cristiana y disciplinas espirituales

La formación cristiana es el proceso de ser conformados a la imagen de Cristo. Es una jornada, un camino, un peregrinaje diario y no tanto un destino final al cual llegamos de una vez por todas. Es la relación primaria de la vida y es una acción de Dios en nosotros y nosotras.

Los seres humanos hemos sido auto programados para estar en control, para ser los sujetos y no los objetos de las experiencias de la vida. Por eso, la mayoría de los libros, conferencias y tratados sobre formación espiritual nos colocan al timón y nos ofrecen principios, reglas, técnicas, métodos y recursos para optimizar nuestra formación espiritual. Las disciplinas espirituales se convierten en lo que debemos *hacer* para influir en la acción de Dios, en vez de lo que debemos *ser* para conformarnos a la imagen de Cristo.

Esas son disciplinas, pero no caen dentro de la definición de disciplinas espirituales que estamos utilizando aquí. Las verdaderas disciplinas espirituales alteran el orden natural de nosotros ser los sujetos en control, y nos hacen objetos del amor y el cuidado de Dios. Son una manera de ser en el mundo; una visión de la vida como Dios la ve; una relación con Dios, con los demás y con nosotros mismos que responde a la intimidad amorosa de Dios con nosotros y con los demás.

En un sentido muy real, disciplina espiritual puede ser cualquier cosa y todo lo que le ofrecemos a Dios voluntaria, continua y espontáneamente, para que Dios use o deje de usar como le plazca, como medida de gracia para hacer toda su voluntad en nosotros. Si oramos para que Dios nos bendiga, tenemos nuestra propia agenda y somos los actores y actoras en control. Si oramos porque amamos a Dios y queremos tener intimidad con él, independientemente de lo que él haga o deje de hacer con nuestras oraciones, esto es una disciplina espiritual. Lo mismo cuando ayunamos, leemos la Biblia, damos ofrenda, o lo que sea. Lo que hacemos deja de ser funcional, esto es, hacer algo como una función, con un fin pragmático. Se convierte en una disciplina espiritual porque lo hacemos como una encarnación de la vida de Cristo en el mundo y no por lo que podemos conseguir a cambio.

El profesor y pastor luterano Giacomo Cassese describe las disciplinas espirituales como prácticas cristianas tales como la oración, la meditación y el estudio de las Escrituras. A pesar de ser usuales, estas disciplinas a las que también llama devociones o ejercicios espirituales, pueden reorientarse a partir de la teología de las relaciones humanas. Afirma que gracias a ellas, miles de santos, mártires, apóstoles y misioneros han consolidado sus convicciones y su fe.

Quizás sea necesario recalcar que esta explicación no le resta méritos ni importancia al carácter funcional de nuestras oraciones, ayunos o lecturas bíblicas. Al contrario, destaca la dimensión contemplativa y encarnacional de estas prácticas, en adición a sus otros propósitos. Citando palabras de Jesús, hay que hacer lo uno sin descuidar lo otro.

Disciplinas espirituales y cuidado pastoral

El mensaje de la vida de Cristo en el mundo establece, confirma, y celebra una comunidad como parte de su identidad desde los mismos inicios del plan divino para la humanidad. "No es bueno que los seres humanos estén solos. Además de la presencia de Dios, necesitan otros seres como ellos, para que se ayuden mutuamente." Esa fue la evaluación divina sobre la creación mucho antes de que existiera el pecado en el mundo.

Y así es todavía. En su epístola a los Efesios, el apóstol Pablo ofrece directrices sobre la práctica de las disciplinas espirituales en el cuidado pastoral mutuo:

> *Mirad, pues, con diligencia cómo andéis, no como necios sino como sabios, aprovechando bien el tiempo, porque los días son malos. Por tanto, no seáis insensatos, sino entendidos de cuál sea la voluntad del Señor. No os embriaguéis con vino, en lo cual hay disolución; antes bien sed llenos del Espíritu, hablando entre vosotros con salmos, con himnos y cánticos espirituales, cantando y alabando al Señor en vuestros corazones; dando siempre gracias por todo al Dios y Padre, en el nombre de nuestro Señor Jesucristo.*
>
> Efesios 5:15-20

En primer lugar, Pablo insta a los creyentes a que anden como sabios. En el contexto del mundo en general, la sabiduría se asocia con conocimiento intelectual (griego *gnosis*), dominio lógico de las circunstancias. En la tradición bíblica, no obstante, sabiduría es entender y practicar la voluntad de Dios para la vida. Es un conocimiento experimental (griego *epignosis*) del ser antes que del hacer.

Segundo, "aprovechar el tiempo", en griego *exagorazomenoi ton kairon*, implica lo mismo que andar en sabiduría. Literalmente, significa comprar (*agorazo*) en el mercado (*agora*), todo el *kairos* (el tiempo preciso, el plan total de Dios para la vida). Nosotros preferimos vivir y medir el tiempo (griego *kronos*) en minutos, horas, días y años. La vida sabia se concentra en el tiempo de Dios más que en las horas y minutos.

Tercero, Pablo habla de conocer la voluntad de Dios, de sumergirnos totalmente en las oportunidades de Dios, olvidándonos de nuestras propias agendas. Es participar en un nuevo orden de ser, en el cual la voluntad de Dios es todo, y donde entregamos el control al Dueño de nuestras vidas.

Cuarto, nos insta a vivir una vida llena del Espíritu, investidos de poder y capacitados por Dios mismo, totalmente controlados por su presencia, su poder y su actividad.

Quinto, nos llama a tener armonía en nuestra vida en comunidad, a vivir en armonía con toda la creación. Quizás no cantamos la misma letra, no todos entonamos la melodía, pero juntos hacemos una armonía que endulza la vida de la humanidad. Esto es contrario a la vida individualista de la sociedad secular. Requiere morir a nuestras agendas personales. Pero es la armonía del reino de los cielos que da gracias a Dios y glorifica a Cristo en el mundo.

Finalmente, Pablo nos anima a dar gracias a Dios en todo, a practicar la gratitud como forma de vida, como disciplina espiritual que se convierte en lo que somos más que en lo que hacemos. Una manera de practicar esta vida de armonía comunitaria es mediante el cuidado pastoral mutuo: pensar en los demás y actuar a su favor en memoria y respuesta del amor y el cuidado de Dios por nosotros y nosotras, sin esperar una reciprocidad obligatoria de la otra persona ni una recompensa divina por nuestras acciones de bondad.

Resumen

Disciplinas espirituales son todas las prácticas que ayudan a encarnar la vida de Cristo en el mundo. Constituyen manifestaciones de la gracia de Dios y respuestas humanas de fe a dichas manifestaciones de la presencia y la acción divina. Una disciplina espiritual puede ser cualquier cosa y todo lo que le ofrecemos a Dios voluntaria, continua y espontáneamente en respuesta a su amor, para que Dios use o deje de usar como le plazca conforme a su soberana voluntad. Entre las disciplinas espirituales más comunes se destacan la oración, el ayuno, la lectura de la Biblia, las ofrendas y la asistencia a las reuniones de la comunidad de fe.

ALGO EN QUE PENSAR
¡Si tú no estás, Señor!

¡Si tú no estás, Señor!
Mi fuego se apaga,
Se extingue la llama,
Tendré oscuridad.

Apagado el sol,
Se esconde mi luna;
Sin cielo estrellado
No te puedo ver.

¡Si tú no estas, Señor!
Se hunde mi barca,
Se pierde la pesca;
En aguas profundas
Yo no sé nadar.

Y estando sediento,
Sin tomar tu agua,
Sin pozo, sin fuente,
Moriré de sed.

Saliendo a la guerra
Seré derrotado;
Sin armas, sin brazos,
No podré vencer.

Como árbol caído
En árida tierra,

Introducción a las disciplinas espirituales

Sin hojas, sin fruto,
No podré comer.

Se quiebra mi arco,
Se arruina la flecha,
Y lejos del blanco
Tendré que perder.

¡Si tú no estás, Señor!
Seré sin camino,
Sin ruta, perdido;
Mis pies tropezando,
No podré llegar.

Metido en la cárcel,
Atado en cadenas,
De míseros hierros,
No podré volar.

Seré un torpe necio,
Cerrando mi libro;
Con páginas muertas
No tendré final.

Escucha este grito,
De angustia en mi pecho,
¡Señor, hazte presente!
¡Eres mi existir!

Por Ada Pagán
De: La esperanza del enemigo
Usado con permiso de la autora

Capítulo 2
La oración como disciplina espiritual

Carta de amor

En la mesa de noche que está al lado de mi cama guardo una carta reciente de mi esposa. Llevamos casi medio siglo de casados y todavía nos escribimos. Las cartas no son para dar información nueva ni para hacer peticiones. Al contrario, son un fin en sí mismas. Nos escribimos porque sí, para transmitirnos una relación de intimidad que trasciende toda explicación lógica.

La oración como disciplina espiritual es una carta de amor, una relación, una intimidad. No tiene otro propósito que mantener una conversación íntima transracional con el Ser que más amamos. El concepto transracional sugiere una experiencia que va más allá de la razón, como "las razones del corazón que la razón no comprende", del filósofo francés Pascal.

La escritora norteamericana Rosalind Rinker, quien hace unas décadas se destacó como conferenciante en el área de la oración como conversación, decía que la oración, la comunicación y el amor están estrechamente ligados en la vida diaria. Omitir cualquiera de estos elementos es convertirse en una persona espiritualmente lisiada. Aprender a orar es aprender a amar, afirmaba. Para ella, la oración era un diálogo entre dos personas que se amaban mutuamente, ya que la oración es el lenguaje del corazón.

En la página 14 de su libro *Communicating Love Through Prayer* [Comunicación del amor mediante la oración], dice:

> La oración debe ser una manifestación del amor que Dios mismo ha puesto en ti. Orar debe ser hablar con Dios, por cuanto él está presente y te ama no sólo a ti, sino también a tu hermano. En esencia, la oración debe ser sencilla, expresando gratitud directa o pidiendo lo que necesitamos en un momento en particular. El pasado puede necesitar confesión, mientras que el futuro requiere confianza.

En la oración de grupo, sigue diciendo Rinker, la oración que verdaderamente comunica es la que expresa amor. Cuando alguien ora así, las personas se sienten amadas, por cuanto la oración verdadera contiene el poder de alcanzar una persona a otra, el poder de sanar, dando y recibiendo amor.

El rabino Harold Kushner señala una diferencia marcada entre la oración de los cristianos y la de los judíos. Según él, los cristianos oran para informar a Dios, mientras que los judíos oran para tener intimidad con Dios. Las palabras que uno usa cuando ora no son lo que importa, dice Kushner, sino la actitud y la relación que uno tiene con el Creador. Esta afirmación del rabino es incómoda, pero a la vez nos motiva a pensar.

Mi primera experiencia con la oración fue que se trataba especialmente de dos cosas: un requisito indispensable para ganar la salvación y una forma de castigo. En primer lugar, cuando uno llegaba al templo tenía que ir al altar a orar de rodillas, incluso antes de saludar a nadie. Quien no lo hacía se exponía a la ira divina, además de que los demás feligreses pusieran en duda su experiencia de salvación. Mantener los ojos abiertos sin orar cuando la congregación oraba era otro riesgo de fuego y azufre.

Segundo, a los niños que se portaban mal en el templo, los agarraban por una oreja y los llevaban al altar, a orar una hora de castigo. Una buena conducta era protección segura contra la oración.

Las personas que me enseñaron de esa manera eran espirituales, sinceras y bien intencionadas. Además, aunque ellas fueran exageradas en su celo por las cosas de Dios, la práctica de orar en el altar al llegar al templo era una costumbre meritoria que debería continuar. Gracias al cielo, la oración como castigo a los niños traviesos o como medida de salvación hace mucho tiempo cayó en desuso.

Enfoques contemporáneos a la oración

Entre los enfoques más comunes a la oración sobresalen la información, la petición, la confesión, la negociación, la intercesión y la gratitud. Estas categorías se refieren más a énfasis que a diferencias significativas, ya que en la realidad casi todas las oraciones contienen un poco de cada uno de los enfoques mencionados.

Información.- Con todo lo incómoda que es la afirmación del rabino Kushner, hay que admitir que muchas de las oraciones de los cristianos, especialmente en el contexto pentecostal, se enfocan en informarle a Dios sobre cómo están las cosas, qué creemos, qué necesitamos, a quién queremos que Dios bendiga y por qué. Esta práctica no es mala en sí misma y tampoco presupone ignorancia de parte de Dios. Cuando oramos decimos estas cosas no porque Dios necesite oírlas debido a su falta de conocimiento, sino porque nosotros necesitamos expresarlas debido a nuestra vulnerabilidad y sentido de dependencia.

En la Biblia encontramos ejemplos de oraciones que podrían clasificarse de esta manera. Un ejemplo del Antiguo Testamento es la oración de Abram, más tarde conocido como Abraham, en respuesta a la promesa divina de bendición:

> *Y respondió Abram: Señor Jehová, ¿qué me darás, siendo así que ando sin hijo, y el mayordomo de mi casa es ese damasceno Eliezer? Dijo también Abram: Mira que no me has dado prole, y he aquí que será mi heredero un esclavo nacido en mi casa.*
>
> Génesis 15:2, 3

Un ejemplo del Nuevo Testamento es la oración del centurión cuyo siervo estaba enfermo:

> *Señor, mi criado está postrado en casa, paralítico, gravemente atormentado¼ no soy digno de que entres bajo mi techo; solamente di la palabra, y mi criado sanará.*
>
> Mateo 8:6, 8

Es natural que al orar le expresemos a Dios la condición en que estamos y el motivo de nuestra súplica. El problema surge cuando limitamos nuestra vida de oración a la función informativa. Si Dios no responde como esperamos a lo que le informamos y le pedimos, terminamos con una profunda frustración que al final afecta nuestra relación de intimidad. O lo que es igualmente negativo, nos sentimos culpables de no haber orado como conviene, ya que de otro modo Dios nos hubiera contestado. En resumidas cuentas, pensamos, hay algo malo con Dios, que se muestra sordo a nuestras plegarias, o hay algo malo con nosotros que no fuimos suficientemente perseverantes, sinceros o consagrados en nuestra oración.

Petición.- La oración de petición es una práctica común de la liturgia cristiana. De hecho, la oración bíblica modelo, el Padre Nuestro, contiene una sección de peticiones.

> *El pan nuestro de cada día dánoslo hoy. Y perdónanos nuestros pecados... y no nos metas en tentación, mas líbranos del mal.*
>
> Lucas 11:3, 4

Jesús mismo enseñó a sus discípulos a pedir:

> *Pedid y se os dará; buscad y hallaréis; llamad y se os abrirá. Porque todo aquel que pide, recibe; y el que busca, halla; y al que llama, se le abrirá.*
>
> Mateo 7:7, 8

Otra vez el problema está en convertir nuestros deseos, necesidades y ambiciones personales en el principal motivo de la oración. Hacemos de las palabras de Jesús un cheque en blanco, pagadero al portador, para llenarlo con cualquier cantidad que se nos ocurra. En marcado contraste, la frase fue dicha en el contexto del Sermón del Monte, que es en sí una nueva visión de la vida comunitaria del reino de Dios en la tierra, de la dependencia total en Dios, y de la generosidad requerida de los seres humanos en su relación con el prójimo como encarnación de la vida en el Reino.

En el Antiguo Testamento, la famosa "oración de Jabes", sobre la cual se han escrito varios libros populares, a menudo se usa como catálogo de las reglas correctas en la oración de petición.

> *E invocó Jabes al Dios de Israel, diciendo: ¡Oh, si me dieras bendición, y ensancharas mi territorio, y si tu mano estuviera conmigo, y me libraras del mal, para que no me dañe! Y le otorgó Dios lo que pidió.*
>
> 1 Crónicas 4:10

El significado del nombre de Jabes es *dolor*. Así que, el corazón de su súplica a Dios es que cambie su vida, su naturaleza, para que no se *"jabes"*, es decir, para no vivir una vida de dolor. Pero esto no impide que las personas que conciben a Dios como un Papá Noel celestial utilicen este ejemplo para justificar su actitud de "Padre, dame", en lugar de "Padre, hazme" (ver Lucas 15:12, 19).

Confesión.- La confesión a Dios de nuestras limitaciones y fallas, y de nuestra sumisión a su misericordia, es parte vital de la vida de fe. Otra vez, se convierte en disciplina espiritual cuando la practicamos como respuesta al amor divino y no como excusa para acallar la conciencia o seguir pecando. Algunas comunidades cristianas incluyen oraciones públicas de confesión como parte de su liturgia regular.

Un ejemplo bíblico es la oración del rey David en el Salmo 51, a raíz de la convicción por su pecado de adulterio:

Ten piedad de mí, oh Dios, conforme a tu misericordia;
Conforme a la multitud de tus piedades borra mis rebeliones.
Lávame más y más de mi maldad, y límpiame de mi pecado.
Porque yo reconozco mis rebeliones, y mi pecado está siempre delante de mí.
Contra ti, contra ti solo he pecado, y he hecho lo malo delante de tus ojos;

En el Nuevo Testamento también se insta a los creyentes a hacer oraciones de confesión: "Si confesamos nuestros pecados, él es fiel y justo para perdonar nuestros pecados y limpiarnos de toda maldad" (1 Juan 1:9). "Confesaos vuestras ofensas unos a otros, y orad unos por otros, para que seáis sanados" (Santiago 5:16).

Negociación.- Posiblemente, una de las prácticas menos afines a la oración como disciplina espiritual es la negociación: orar con el propósito explícito de negociar con Dios. "Voy a orar una hora diaria para que el Señor me ayude a conseguir un automóvil nuevo". Es una especie de *quid pro quo*, o algo a cambio de algo: yo hago esto por Dios y Dios hace esto por mí.

De hecho, hay una secta religiosa que enseña que si oras siguiendo ciertas reglas bíblicas al pie de la letra, obligas a Dios a hacer lo que le pides, aun cuando fuere contrario a su voluntad. En otras palabras, tú cumples las reglas de juego estrictamente y "pintas a Dios en una esquina", como dice el refrán. A Dios no le va a quedar otro remedio que obrar en tu favor.

Esta actitud tiene dos agravantes teológicos. Primero, si logras lo que pediste, confirmas tu teoría por irracional que parezca. Ganaste en la negociación. Segundo, si no lo logras, admites que fallaste en algún detalle de la negociación, y también confirmas la teoría. Un tercer agravante es que reduces a Dios a un ídolo que puedes manipular a discreción; pero ese es otro tema.

Hay que admitir que algunas de las oraciones incluso de los creyentes más ortodoxos podrían clasificarse como negociación. La diferencia está cuando dicha aparente negociación es más que nada una confesión de nuestra fragilidad y dependencia absoluta en la misericordia divina y no un intento de manipulación. Por ejemplo, cuando el patriarca Jacob va rumbo a Harán tiene una experiencia con Dios y ora de esta manera:

> *Si fuere Dios conmigo, y me guardare en este viaje en que voy, y me diere pan para comer y vestido para vestir, y si volviere en paz a casa de mi padre, Jehová será mi Dios. Y esta piedra que he puesto por señal, será casa de Dios; y de todo lo que me dieres, el diezmo apartaré para ti.*
>
> Génesis 28:20-22

Esta oración, que a simple vista parece una negociación, es en realidad una respuesta de fe a la promesa que Dios acaba de hacerle (versículos 13 al 15). Jacob está cansado y despojado. Su única posesión es el báculo que lleva en la mano (ver Génesis 32:10). Va huyendo de su hermano y se enfrenta a un futuro incierto. No está en condición de negociar con Dios ni con nadie más. Lo que parece una propuesta de trueque es en realidad una confesión de su insuficiencia e incapacidad para hacerle frente a las circunstancias de la vida.

Intercesión.- C. Paul Gray, profesor de Antiguo Testamento e historia de la iglesia en Bethany Nazarene College, define la intercesión como la presencia de un mediador o intermediario que procura reconciliar las diferencias entre dos personas o grupos enemistados. La intercesión es el acto del mediador en busca de resolver el alejamiento.

En la Biblia el tema de la intercesión está estrechamente relacionado con la oración hecha a favor de otra persona. Así vemos a Abraham intercediendo por su sobrino Lot y por las ciudades de Sodoma y Gomorra (Génesis 18:22 y siguientes). Los sacerdotes en Israel eran vistos como intercesores ante Dios a favor del pueblo.

El ejemplo supremo de intercesión es Jesucristo, quien por los méritos de su muerte y resurrección se convierte en el mediador por excelencia entre Dios y los seres humanos (Hebreos 7:25). Cuando oramos a favor de otra persona estamos reclamando los méritos de la sangre de Cristo para que Dios le conceda a una persona un favor no merecido.

Gratitud.- Al menos teóricamente, toda oración incluye un elemento de gratitud a Dios por ser quien es y por sus acciones de misericordia a favor de los seres humanos. Juan Wesley decía que orar sin cesar era el fruto de regocijarse siempre en el Señor, y dar gracias en todo era el fruto tanto de regocijarse como de orar. El apóstol Pablo insistía en que nuestras peticiones a Dios siempre deben estar acompañadas de acción de gracias:

> *Por nada estéis afanosos, sino sean conocidas vuestras peticiones delante de Dios en toda oración y ruego, con acción de gracias.*
>
> Filipenses 4:6

Una oración continua de gratitud como estilo de vida es, pues, lo más cerca de la práctica de la oración como disciplina espiritual.

Oración escrita y oración espontánea

En algunas iglesias, como por ejemplo en la católica, los feligreses acostumbran recitar oraciones que fueron escritas hace mucho tiempo. En marcado contraste, en las iglesias pentecostales solamente se hacen oraciones espontáneas. Ni siquiera el Padre Nuestro es considerado en la práctica una oración completa en sí misma. Si se recita es sólo como introducción a, o como conclusión de, una oración espontánea más extensa.

Ambas modalidades de oración tienen sus méritos. La oración espontánea, aunque da la sensación de ser original, no siempre lo es. A menudo la persona que ora repite lo que han dicho otros oradores. No obstante, la oración espontánea tiene la ventaja de que permite adaptar las palabras a la situación inmediata.

La oración escrita, por su parte, tiene el potencial de fomentar el sentido de comunidad, de orar con quienes en otros lugares y en otras épocas han recitado las mismas palabras. Esta dimensión une a los adoradores a través del tiempo y el espacio, trasciende el significado literal de las palabras que se recitan y forma una especie de "triángulo espiritual" en la conversación colectiva de amor con Dios.

En el judaísmo hay unas oraciones prominentes que requieren *minyan*, esto es, la presencia de por lo menos diez adoradores adultos, para que se puedan hacer. Un ejemplo es el *Kaddish del Enlutado*, una oración que recita diariamente la persona que ha perdido un ser querido. Se hace durante un año por la muerte del padre o la madre o treinta días por un familiar cercano. La oración afirma la fe continua en Dios aun en momentos de dolor y luto. Posiblemente, la restricción de que solamente se puede orar el *Kaddish* en presencia de *minyan* es para asegurarle a la persona la compañía consoladora de la comunidad en el sufrimiento.

La práctica de *minyan* está basada en el entendimiento de que los seres humanos somos animales sociales, que nuestra consciencia cambia y se acrecienta con la presencia de otras personas. Las oraciones son dirigidas a Dios, no a la gente que nos rodea. Pero su presencia como compañeros y compañeras de adoración les ayuda a percibirse en ese momento como un pueblo que adora. Este sentimiento también se ilustra en la costumbre pentecostal de orar en voz alta al unísono. No se escuchan unos a otros en lo que dicen, pero la sensación de ser parte de una comunidad que invoca a Dios en unidad de espíritu tiene un efecto social y espiritual trascendente.

Quizás una liturgia cristiana comparable con el *Kaddish* judío sea el "novenario" de la iglesia católica. El novenario consiste de nueve reuniones de oración que amigos, vecinos y familiares de una persona fallecida celebran en el hogar del luto, comenzando el día siguiente después del sepelio. La diferencia es que la oración católica se enfoca en interceder por el descanso eterno del finado; pero el valor del acompañamiento comunitario en tiempo de dolor es obvio.

La oración como disciplina

Lo que se ha dicho anteriormente sobre los diferentes enfoques de la oración se puede aplicar a la oración como disciplina espiritual siempre y cuando el motivo principal y la actitud al orar sean tener intimidad con Dios. La descripción que hace Kushner de la oración judía, en las páginas 208 y 209 de su libro *To Life [A la vida]*, refleja la idea de la oración como disciplina.

> *Hay un verbo en hebreo que significa "orar", cuyo significado original es probablemente "someterse a juicio", pero el término hebreo más acertado*

para adoración es l'varech, "bendecir". ¿Qué significa para nosotros bendecir a Dios? ¿Acaso no es Dios quien nos bendice a nosotros? La etimología de la palabra es iluminadora. El significado original de la raíz es "doblar la rodilla". En hebreo, orar no es pedir, sino doblar la rodilla ante Dios. La oración es esencialmente reverencia, no petición.

Más adelante afirma que hay cosas que deseamos desesperadamente y no podemos obtener por nuestros propios medios, no importa cuán ricos, piadosos o listos seamos. Dependemos de la gracia de Dios. En el judaísmo, una oración es "contestada" no cuando obtenemos lo que pedimos, sino cuando se nos concede un sentido de la cercanía de Dios. La oración de un enfermo es "contestada" no cuando la enfermedad desaparece, sino cuando la persona está consciente de que Dios está cerca, tiene la seguridad de que su enfermedad no es un castigo de Dios y que Dios no le ha abandonado. La oración de una mujer soltera es "contestada" no porque Dios le manda un marido, sino porque Dios le da un sentido de su valor como persona ante los ojos divinos, esté casada o no.

Algunas de estas ideas del judaísmo sobre la oración chocan con el concepto común entre muchos cristianos en lo que atañe a oraciones "contestadas". No obstante, resumen adecuadamente el principio de la oración como adoración, intimidad, conversación con el Eterno, sin otra expectativa que el puro gozo de una relación de amor.

Una ventaja de la oración como disciplina espiritual es que no requiere saber las palabras correctas, el itinerario requerido, o la posición precisa al orar. El apóstol Pablo admite que hay ocasiones que ni siquiera sabemos qué hemos de pedir como conviene (Romanos 8:26). El Espíritu Santo, que todo lo escudriña, aun lo profundo de los misterios divinos (1 Corintios 2:10), nos ayuda en nuestra debilidad y ora por nosotros con expresiones que no se pueden pronunciar humanamente. El Espíritu Santo actúa como el idioma indescifrable en nuestra oración de intimidad y nos ayuda a entender lo que Dios nos ha concedido (1 Corintios 2:12). En ese sentido, el Espíritu mismo es la respuesta del Padre a nuestra oración.

En su enseñanza sobre la oración, Mateo cita a Jesús diciendo:

> *Pues si vosotros, siendo malos, sabéis dar buenas dádivas a vuestros hijos, ¿cuánto más vuestro Padre que está en los cielos dará buenas cosas a los que le pidan?*
>
> Mateo 7:11

Lucas, por su parte, lo dice así:

> *Pues si vosotros, siendo malos, sabéis dar buenas dádivas a vuestros hijos, ¿cuánto más vuestro Padre celestial dará el Espíritu Santo a los que se lo pidan?*
>
> Lucas 11:13

Aparentemente, para Lucas el Espíritu Santo es la suma de las "buenas cosas" que da el Padre a quienes oran. Así pues, la presencia amorosa de Dios experimentada en el Espíritu Santo es tanto el motivo como el resultado de una vida de oración.

La oración como disciplina tampoco requiere recibir literalmente lo que uno pide. Una de las acciones de misericordia divina es no concedernos todo lo que pedimos. De todos modos, es la agenda de Dios y no la nuestra la que queremos adelantar.

Cuando Jesús estaba en lo que posiblemente fue el momento más difícil de su vida terrenal, en el huerto de Getsemaní, oró al Padre y le confesó su estado de ánimo y su deseo de evadir, de ser posible, el trauma de la cruz.

> *Entonces llegó Jesús con ellos a un lugar que se llama Getsemaní, y dijo a sus discípulos: Sentaos aquí, entre tanto que voy allí y oro. Y tomando a Pedro, y a los dos hijos de Zebedeo, comenzó a entristecerse y a angustiarse en gran manera. Entonces Jesús les dijo: Mi alma está muy triste, hasta la muerte; quedaos aquí, y velad conmigo. Yendo un poco adelante, se postró sobre su rostro, orando y diciendo: Padre mío, si es posible, pase de mí esta copa; pero no sea como yo quiero, sino como tú... Otra vez fue y oró por segunda vez, diciendo: Padre mío, si no puede pasar de mí esta copa sin que yo la beba, hágase tu voluntad... y oró por tercera vez, diciendo las mismas palabras.*
>
> Mateo 26:36-39, 42, 44

Algunos predicadores le llaman a la experiencia de Jesús en Getsemaní "la oración que no fue contestada", por cuanto a pesar de la intensidad de su súplica, de todos modos tuvo que apurar la copa del Calvario. Sin embargo, esta oración puede contemplarse como disciplina espiritual y la conclusión es diferente. En su momento de angustia, Jesús tiene una comunicación honesta de confianza plena con el Padre. Sin intentar disimular sus sentimientos, abre su corazón en expresiones de dependencia absoluta, sin demandar, suplicar o negociar un cambio en la agenda divina, establecida desde antes de la fundación del mundo.

Mi manera favorita de parafrasear la oración de Jesús en Getsemaní es la siguiente:

> Padre, en este momento de angustia tengo suficiente confianza en tu amor como para confesarte cómo me siento en lo más íntimo de mi ser. De ser posible, preferiría que encontrásemos otra manera de salvar la humanidad que no fuera mi pasión y muerte en el Calvario. Sin embargo, ahora me alegro de no estar en control, de no ser finalmente responsable de tomar la decisión de resolver este asunto. No te lo digo para que cambies nada, sino porque necesito expresar mis sentimientos y sé que me comprendes. ¡Qué alivio produce no estar en control del universo!

Posiblemente esta paráfrasis suene teológicamente descabellada. No obstante, ilustra el tema de la oración como disciplina espiritual, en la cual oramos para tener intimidad con Dios y no para controlar la acción ni para manipular una respuesta divina conforme a nuestra agenda personal. Independientemente de si la idea es teológicamente correcta o no, la verdad es que es una dicha liberadora no estar en control del universo. Ser Dios debe ser una responsabilidad terrible.

En un sentido muy real la oración de Getsemaní sí fue contestada. Al terminar de orar vemos a Jesús con un dominio extraordinario de sí mismo y del panorama a su alrededor. Quienes vienen a arrestarlo, representantes del poder militar, el político y el religioso, se muestran indefensos ante su majestad (Juan 18:1-6). Las autoridades encargadas de juzgarlo son a su vez juzgadas por él. La cruz revela su triunfo sobre el pecado y la muerte. La seguridad de la presencia y la acción del Padre en respuesta a su agonía señalan una diferencia como la que hay entre el cielo y la tierra. Esa es la esencia de la oración como disciplina espiritual.

Resumen

La oración como disciplina espiritual se puede concebir como una comunicación de amor, hecha con el propósito de mantener una conversación íntima con Dios. No exige otra respuesta que el gozo recíproco de una relación amorosa. Las palabras que se usan al orar no son tan importantes como la actitud de confianza, honestidad, y dependencia absoluta del amor de Dios.

Entre los enfoques contemporáneos más comunes a la oración están la información, la petición, la confesión, la negociación, la intercesión y la gratitud. Estas categorías se refieren más bien a énfasis al orar que a diferencias significativas, ya que en mayor o menor grado casi todas las oraciones contienen elementos de cada enfoque. Una oración puede ser considerada disciplina espiritual si su propósito principal y la actitud al orar son tener intimidad con Dios, independientemente de si nos concede lo que le pedimos.

Uno de los beneficios de la oración es que une a los adoradores y las adoradoras en un triángulo de amor con Dios y el prójimo, el cual es capaz de trascender barreras de tiempo y espacio.

ALGO EN QUE PENSAR

La nieve y la oración

Nuestro concepto de las cosas depende de la pertinencia que tengan para nuestra vida. Por ejemplo, para algunas personas, la nieve es una atracción turística, para otras un medio de diversión, y aun para otras, un estorbo. En cambio, para quienes viven en la región ártica de la tierra, la nieve es parte vital de su existencia.

En su libro *Cuando les suceden cosas malas a la gente buena*, Harold Kushner comenta que los esquimales tienen más de una docena de palabras para la nieve. Esto es así porque la nieve es una parte muy importante de su ambiente. Para ellos es útil distinguir entre nieve fresca que está cayendo, nieve congelada, nieve derretida y todas sus demás formas. Para él, que cada invierno tiene que limpiar la nieve de la acera frente a su hogar en Massachussets, EE.UU., ésta es sólo una inconveniencia ocasional. Por consiguiente, le basta una sola palabra para cubrir todas sus manifestaciones.

Kushner ve una analogía entre la nieve y la oración. Dice que si la oración fuera una parte importante de nuestras vidas, en vez de una diversión ocasional, probablemente tendríamos muchas palabras para describirla. En cambio, normalmente utilizamos la misma palabra para referirnos a una lectura pública de una liturgia prescrita en un tiempo prescrito; al deseo desesperado de una mujer con una enfermedad terminal; al suspiro espontáneo de deleite y sorpresa que sentimos cuando vemos al sol en la montaña, o las flores primaverales, o las estrellas en una noche clara. Obviamente, todas ésas son oraciones, todas son encuentros con Dios; pero son experiencias espirituales muy diferentes. ¡Qué enriquecedor sería si, como los esquimales con la nieve, tuviéramos al menos una docena de conceptos para expresar las distintas experiencias de orar!

Capítulo 3
El ayuno

Ayunar significa abstenerse de comer y beber, o privarse de algún gusto o deleite. Hay ayunos que se hacen por razones médicas; por algún tipo de purificación fisiológica como la desintoxicación; por cuestiones filosóficas humanitarias, como el de quienes ayunan en solidaridad con el hambre que padece gran parte de la humanidad; como protesta política o social; o como parte de las prácticas religiosas tanto del cristianismo como de otras religiones. Este capítulo examina el tema del ayuno desde la perspectiva de las disciplinas espirituales de la fe cristiana.

Expresión natural de sufrimiento

Los seres humanos a menudo pierden el apetito en situaciones intensas de angustia o peligro, en algunas enfermedades graves, e incluso en ataques violentos de ira y enojo. Además, el ayuno ha sido a través de las edades una expresión natural de dolor y de identificación con el sufrimiento ajeno.

Tanto en la literatura general como en la Biblia hay casos en que el ayuno responde a causas naturales. Algunos ejemplos de esto último: Ana, la madre del profeta Samuel, ayunaba debido a una gran tristeza que la embargaba (1 Samuel 1:7). Algo parecido le sucedió al escriba Esdras al regreso del exilio babilónico (Esdras 10:6). Al príncipe Jonatán, hijo del rey Saúl, la ira no le dejaba comer (1 Samuel 20:34). Igual ocurrió con el rey Acab cuando no logró un capricho que posteriormente le costó el trono (1 Reyes 21:4).

Aparentemente, lo que era una reacción humana normal a un estado emocional interno, con el tiempo adquirió significado profundamente religioso.

El ayuno en la Biblia

En la Biblia se registran prácticas de ayunos por diferentes motivos, entre otros: duelo; recuerdo de catástrofes nacionales; contrición; búsqueda de ayuda, perdón o dirección divina; identificación con el sufrimiento ajeno.

1. Duelo por la muerte de un ser querido, fue el caso de David cuando murió Abner (2 Samuel 3:35). Abner era general del ejército de Saúl. Posteriormente, hizo pacto de paz con el rey David. Fue asesinado por Joab y Abisaí, generales de David, en un acto de venganza. Otros ejemplos son 1 Samuel 31:13 y 2 Samuel 1:12, donde los israelitas ayunan y hacen duelo por la muerte del rey Saúl y el príncipe Jonatán.
2. Conmemoración de catástrofes nacionales, como los ayunos que se observaban después del exilio para recordar la caída de Judá (Zacarías 8:19).
3. Contrición, esto es, dolor y pesar de haber ofendido a Dios, como el que se llevaba a cabo en el Día de la Expiación (Levítico 16:29-34; 23:27-32).
4. Súplica de la ayuda de Dios, como hizo David cuando su hijo, fruto de la unión pecaminosa con Betsabé, enfermó de muerte (2 Samuel 12:16).
5. Búsqueda de discernimiento, como en los casos de Moisés y Elías al enfrentar responsabilidades monumentales con Dios (Éxodo 34:28; 1 Reyes 19:8). Otro posible ejemplo es Ester 4:16, cuando la supervivencia del pueblo judío estaba en peligro.
6. Perdón divino, como en el ejemplo del Día de la Expiación citado anteriormente.
7. La identificación con el sufrimiento ajeno por medio del ayuno era aparentemente una práctica del salmista (Salmos 35:13, 14). Isaías menciona esta costumbre como agradable a Dios (Isaías 58:6-10).

El ayuno

La Ley de Moisés prescribía un solo ayuno nacional obligatorio, el del Día de la Expiación. Los demás eran ayunos voluntarios. El Día de la Expiación (hebreo *Yom Kippur*) era y es la fecha más importante en el calendario judío. El pueblo se presentaba delante de Dios en contrición y arrepentimiento nacional. El Sumo Sacerdote ofrecía sacrificios por los pecados propios y los del pueblo. Mediante una actitud individual y colectiva de humillación expresada en el ayuno, la oración y los sacrificios, se reconocían varias realidades: 1) el pecado como ofensa al Dios santo; 2) la ira de Dios contra el pecado; 3) el sacrificio reconciliatorio como muestra de arrepentimiento; 4) el perdón de Dios; 5) la restauración a una relación de intimidad con Dios.

En la actualidad, *Yom Kippur* se observa diez días después del Año Nuevo, conocido en hebreo como *Rosh HaShanah*, literalmente "cabeza de año". La tradición dice que en Rosh HaShanah se decide quién va a vivir y quién va a morir durante el año que comienza, quién va a prosperar y quién va a sufrir, quién va a estar cómodo y quién va a vagar, quién va a morir por fuego y quién por terremoto. Esta decisión de parte de Dios se confirma en *Yom Kippur*. Los días entre *Rosh HaShanah* y *Yom Kippur* se dedican a reflexionar en cómo uno ha vivido con relación a la *Torah* o Ley de Moisés.

Este día especial de ayuno obligatorio consiste de 24 horas de abstinencia absoluta de todo alimento o agua. La noche y todo el día siguiente hasta la puesta del sol se dedican a orar en la sinagoga. Las parejas casadas se abstienen de relación sexual como señal de auto control sobre un instinto básico. El ayuno y la abstinencia son considerados como una ventana de oportunidad para verse uno mismo sin pretensión y encontrar maneras de mejorar. La idea es de un sacrificio que hace a quienes participan de él más humanos y vulnerables, mientras les acerca al ideal divino de una vida de integridad.

En ocasiones en Israel se proclamaban ayunos nacionales en situaciones de crisis tales como guerras (Jueces 20:26; 2 Crónicas 20:.3) o pestilencias (Joel 1:13, 14; 2:15-18). Era una manera de procurar el favor divino y se asociaba con la confesión de pecado como evidencia de arrepentimiento.

El ayuno podía tener diferente duración. En el Antiguo Testamento se mencionan ayunos de un día (Levítico 16:29; Jueces 20:26; 1 Samuel 14:24); de tres días (Ester 4:16); siete (1 Samuel 31:13); tres semanas (Daniel 10:3), y cuarenta días (Éxodo 34:28; 1 Reyes 19:8).

En el Nuevo Testamento, Jesús ayunó cuarenta días en preparación para su ministerio público (Mateo 4:2). Aunque no ordenó a sus seguidores que ayunaran, dio por sentado que lo hacían (Mateo 6:16-18). Los fariseos ayunaban dos veces a la semana (Lucas 18:12). Cuando le criticaron porque sus discípulos no ayunaban, Jesús le dio una proyección escatológica al ayuno, sugiriendo que mientras él estaba físicamente presente con ellos no se justificaba que ayunaran.

> *Entonces vinieron a él los discípulos de Juan, diciendo: ¿Por qué nosotros y los fariseos ayunamos muchas veces, y tus discípulos no ayunan? Jesús les dijo: ¿Acaso pueden los que están de bodas tener luto entre tanto que el esposo está con ellos? Pero vendrán días cuando el esposo les será quitado, y entonces ayunarán.*
>
> Mateo 9:14, 15

Ana, la anciana profetisa que bendijo a Jesús recién nacido cuando fue llevado al templo de Jerusalén, ayunaba con frecuencia (Lucas 2:37). El apóstol Pablo hacía ayunos individuales (Hechos 9:9; 2 Corintios 6:5; 11:27). No está claro si era por razones espirituales voluntarias o forzado por circunstancias de peligro, confusión o angustia. Por su parte, la iglesia ayunaba en forma colectiva cuando había que tratar asuntos espirituales de importancia (Hechos 13:2, 3; 14:23).

El ayuno como disciplina

El ayuno como disciplina espiritual va encaminado primordialmente a fortalecer la relación con Dios. Implica controlar por un tiempo el deseo natural de comer para enfatizar la convicción de que "no solo de pan vivirá el hombre, sino de toda palabra que sale de la boca de Dios" (Mateo 4:4).

En vez de hacernos más divinos, el ayuno nos hace sentir más humanos y más dependientes del socorro divino para la vida en plenitud. Ayunamos no para castigarnos a nosotros mismos por debilidades o indulgencias pasadas, ni para que Dios nos tenga lástima cuando ve lo mucho que estamos sufriendo por su causa. Al contrario, ayunamos para probar que somos humanos.

Dice Harold Kushner en la página 114 de *To Life*:

Los demás seres de la creación están "programados" por el instinto. Solamente los seres humanos pueden decirle que no al instinto. Se puede adiestrar a un perro a no comer por miedo al castigo, pero no se le puede enseñar a ayunar voluntariamente para mantener una dieta o por cuestiones ideológicas. Sólo los humanos pueden hacer eso.

Es interesante que en el único sitio donde se ordena el ayuno como un mandamiento de la Ley, se presenta como un tipo de auto castigo o flagelación:

Esto tendréis por estatuto perpetuo: En el mes séptimo, a los diez días del mes, afligiréis vuestras almas, y ninguna obra haréis, ni el natural ni el extranjero que habita entre vosotros, porque en este día se hará expiación por vosotros, y seréis limpios de todos vuestros pecados delante de Jehová.
Levítico 16:29, 30

La Versión Reina Valera 1995 sugiere como traducción alterna de "afligiréis vuestras almas", "deberéis vosotros dedicarlo al ayuno". Otra posible interpretación del original hebreo *innah nephesh*, afligiréis vuestras almas, es practicar auto negación, controlar los instintos. Es liberarse de distracciones mundanales y demostrar que somos capaces de un gesto distintiva y exclusivamente humano: restringir mediante un acto de la voluntad el instinto básico de todo ser viviente de ingerir alimento.

En el capítulo 58 de Isaías, el pueblo se queja de que a pesar de que han ayunado y afligido sus almas, Dios no se compadece de su sufrimiento ni les concede sus peticiones. El profeta les contesta que el propósito del ayuno no es ganar la simpatía de Dios ni obtener favores. Al contrario, el fin es ayudarles a identificarse con los pobres y los oprimidos, los que ayunan porque no tienen nada que comer, y como resultado, hacer algo a favor de ellos para aliviar las injusticias y el sufrimiento. Paradójicamente, el ayuno los acerca a Dios al hacerlos más humanos.

¿Por qué, dicen, ayunamos, y no hiciste caso; humillamos nuestras almas, y no te diste por entendido? He aquí que en el día de vuestro ayuno buscáis vuestro propio gusto, y oprimís a todos vuestros trabajadores. He aquí que para contiendas y debates ayunáis y para herir con el puño inicuamente; no ayunéis como hoy, para que vuestra voz sea oída en lo alto. ¿Es tal el ayuno que yo escogí, que de día aflija el hombre su alma, que incline su cabeza como junco, y haga cama de cilicio y de ceniza? ¿Llamaréis

esto ayuno, y día agradable a Jehová? ¿No es más bien el ayuno que yo escogí, desatar las ligaduras de impiedad, soltar las cargas de opresión, y dejar ir libres a los quebrantados, y que rompáis todo yugo? ¿No es que partas tu pan con el hambriento, y a los pobres errantes albergues en casa; que cuando veas al desnudo, lo cubras, y no te escondas de tu hermano? Entonces nacerá tu luz como el alba, y tu salvación se dejará ver pronto; e irá tu justicia delante de ti, y la gloria de Jehová será tu retaguardia.

Isaías 58:3-8

Esta misma advertencia la recogen los profetas Jeremías y Zacarías.

Así ha dicho Jehová acerca de este pueblo: Se deleitaron en vagar, y no dieron reposo a sus pies; por tanto, Jehová no se agrada de ellos; se acordará ahora de su maldad, y castigará sus pecados. Me dijo Jehová: No ruegues por este pueblo para bien. Cuando ayunen, yo no oiré su clamor, y cuando ofrezcan holocausto y ofrenda no lo aceptaré, sino que los consumiré con espada, con hambre y con pestilencia.

Jeremías 14:10-12

Cuando el pueblo de Bet-el había enviado a Sarezer, con Regem-melec y sus hombres, a implorar el favor de Jehová, y a hablar a los sacerdotes que estaban en la casa de Jehová de los ejércitos, y a los profetas, diciendo: ¿Lloraremos en el mes quinto? ¿Haremos abstinencia como hemos hecho ya algunos años? Vino, pues, a mí palabra de Jehová de los ejércitos, diciendo: Habla a todo el pueblo del país, y a los sacerdotes, diciendo: Cuando ayunasteis y llorasteis en el quinto y en el séptimo mes estos setenta años, ¿habéis ayunado para mí? Y cuando coméis y bebéis, ¿no coméis y bebéis para vosotros mismos?

Zacarías 7:2-6

Es obvio que, para los profetas, el propósito del ayuno no era adelantar agendas personales o convencer a Dios para que recompensara el sacrificio implícito en la abstinencia de alimentos. Al contrario, el fin era cultivar una relación de intimidad con Dios que resultara en "hacer justicia, amar misericordia, y humillarte ante tu Dios" (Miqueas 6:8). Si el ayuno no resultaba en prácticas positivas de misericordia, venía a ser como el proverbial "címbalo que resuena o metal que retiñe".

Así es todavía. El ayuno como disciplina espiritual es, ante todo, una práctica que nos ayuda a controlar voluntariamente un instinto natural, a poner a un lado por un tiempo las distracciones normales del diario vivir, para afirmar nuestra relación individual y comunitaria con Dios. Como resultado, nos identificamos con los demás y hacemos algo a su favor.

Peligros del ayuno

El ayuno es obviamente una práctica bíblica que puede ser usada con propósitos nobles. La Enciclopedia Bíblica afirma que la conexión entre ayuno y percepción intelectual y espiritual es reconocida universalmente. No obstante, como puede ocurrir con cualquier otra experiencia humana encaminada a acercarnos a la divinidad, hay algunos peligros de los cuales quienes ayunan deben estar conscientes. Estos son especialmente pertinentes para las personas que ayunan por períodos prolongados o como parte rutinaria de su vida devocional privada.

1. Ver el ayuno solamente como un medio para conseguir favores de parte de Dios (Isaías 58:3).
2. Usarlo como sustituto para el arrepentimiento genuino que se refleja en un cambio de vida (Isaías 58:5).
3. Considerarlo una simple conveniencia y un fin en sí mismo (Zacarías 7:5).
4. Ayunar como ocasión para exhibicionismo religioso (Mateo 6:16).
5. Anunciarlo como medio de auto justificación, lo opuesto a la verdadera confesión de pecado y arrepentimiento (Lucas 18:12).
6. Aplicarlo como medida de espiritualidad personal para sentirse con derecho a juzgar a quienes ayunan menos o se abstienen de ayunar (Mateo 9:14).
7. Aferrarse a un legalismo que lleva a la imposición de reglas estrictas para el ayuno: lo que se puede y lo que no se puede comer, cuántas horas debe durar para que sea válido, si es permisivo ingerir agua u otros líquidos mientras se ayuna, y consideraciones semejantes que carecen de apoyo bíblico.

Estas reglas, aunque no sean malas en sí mismas, pueden llevar a un formalismo que despoja al ayuno de su verdadero significado, el cual reside en la actitud del corazón y no en la incomodidad del estómago.

Quienes no deben ayunar

Hay personas que por razones de salud no pueden ayunar. Y aunque pudieran, no deberían hacerlo. Por ejemplo, una persona diabética que necesita ingerir alimentos regularmente para evitar ataques debe ejercer suma prudencia con respecto al ayuno. Hay medicamentos que producen efectos perjudiciales si se toman con el estómago vacío. Un paciente que requiere dichos medicamentos para preservar su salud no puede ayunar. Nuestros cuerpos son de Dios y tenemos la responsabilidad de cuidarlos. La necedad y la negligencia no son equivalentes a la espiritualidad.

¿Qué puede hacer una persona interesada en asistir a un retiro congregacional donde van a estar ayunando y ella no puede ayunar? Puede asistir y participar de todas las demás actividades del retiro: cánticos, lectura bíblica, meditación, estudio. Si es diabético y sabe que a mitad de retiro va a tener urgencia de comer, puede llevar su propia merienda. Al momento de comerla, puede salir discretamente, comer y regresar.

No tiene que pedir excusas, ni siquiera dar explicaciones. El apóstol Pablo dijo: "El que come, no menosprecie al que no come, y el que no come, no juzgue al que come; porque Dios le ha recibido" (Romanos 14:3). La confraternidad cristiana y la comunión con Dios son más importantes que el juicio sobre quién vino con el estómago vacío, quién no y por qué.

Resumen

El ayuno como disciplina espiritual conlleva el control intencional y voluntario del instinto natural de ingerir alimentos para vivir. El propósito primordial es cultivar una relación de intimidad con Dios y como consecuencia, identificarse con el prójimo en sus necesidades materiales, sociales y emocionales, para hacer algo en su favor. Es una forma válida de encarnar la vida de Dios en el mundo.

Quizás debido a su identificación universal con una percepción intelectual y espiritual aguda, el ayuno puede implicar peligros para la vida cristiana genuina. Entre otros objetivos mal enfocados, se puede ayunar para negociar con Dios, sustituir la confesión de pecado y el arrepentimiento con un ritual vacío, procurar exhibicionismo religioso, o imponer un legalismo sin fundamento escritural. No obstante, ninguno de estos peligros le resta valor al ayuno voluntario como forma eficaz de acercarse a Dios.

ALGO EN QUE PENSAR

Ayuno o desayuno

María Orlando trabaja fuera del hogar. Todas las mañanas madruga para ir al trabajo y regresa después de la hora de cenar. Durante la semana los miembros de la familia comen a diferentes horas, debido a que los horarios de estudio y trabajo no coinciden. El domingo es el único día que la familia tiene para desayunar todos juntos. Ese momento se ha convertido en ocasión especial de unidad para los Orlando.

María pertenece al coro de la iglesia. La directora del coro decretó una campaña de formación espiritual para todos los miembros del coro. Se van a reunir en ayunas los domingos por la mañana para orar y estudiar la Biblia antes del servicio regular. La asistencia al ayuno es requisito para participar en las actividades del coro. Es una manera de promover la vida espiritual.

Ahora María enfrenta un dilema: continúa la práctica de que su familia desayune unida o participa en el desarrollo espiritual y sentido de unidad que la directora del coro quiere propiciar con el ayuno, la oración y el estudio. A ella le interesa mucho el coro y también atesora el desayuno de los domingos con su esposo y sus hijos. María decide que estar con su familia es su prioridad en este momento. Le sugiere a la directora que le asigne otro día para ayunar a favor del coro, incluso mientras trabaja. La directora es firme: Si no ayunas, no cantas. Además, el ministerio de la música demanda disciplina.

La pregunta es si esta actividad obligatoria cuenta como disciplina espiritual.

Capítulo 4
Lectura contemplativa de las Escrituras

El estudio de la Biblia es uno de los recursos más poderosos de que dispone el pueblo creyente en su jornada hacia la encarnación de Cristo en el mundo. Es también una de las prácticas que más se presta para ejercer control humano e imponer nuestros propios objetivos y metas.

Sujeto y objeto

M. Robert Mulholland, profesor de Interpretación del Nuevo Testamento en el Seminario Teológico Asbury en Kentucky, EE.UU., dice en la página 21 de su libro *Shaped by the Word* [*Formados por la Palabra*], que los seres humanos tenemos una forma de leer profundamente arraigada, en la cual *nosotros* somos los amos del material que leemos [énfasis suyo]. Nos enfrentamos al texto con nuestra propia agenda firmemente establecida, por lo general inconscientemente.

> *En el momento en que abriste [un] libro para leerlo, entró en operación una serie poderosa de dinámicas preacondicionadas de percepción. Eres la "víctima" de un modo de aprendizaje de toda la vida, pedagógicamente realizado, que te establece a ti como el poder controlador (lector) que busca dominar un cuerpo de información (texto) que puede ser usado por ti (técnica, método, modelo) para adelantar tus propios propósitos (en este caso, la formación espiritual).*

El comentario del doctor Mulholland resume adecuadamente la forma en que la mayoría de las veces nos enfrentamos al texto sagrado. Leemos la Biblia para buscar un pasaje del cual predicar, para encontrar un versículo apropiado para escribirlo en una tarjeta postal, para reafirmarnos en lo que creemos de antemano, como una devoción rutinaria, y con propósitos afines. Todas estas son razones válidas; en todas el lector o lectora tiene la opción de asumir el papel de sujeto que manipula el texto como objeto inanimado.

Algunas personas usan la Biblia como un talismán. Antes de que existieran la televisión por cable o las transmisiones vía satélite, tuve unos vecinos que cada vez que su aparato de televisión tenía problemas con la señal, le colocaban una Biblia grande encima. La imagen mejoraba considerablemente. Nunca se les ocurrió pensar que no era el libro sagrado, sino el contacto con un artículo pesado, lo que lograba el efecto. Eran "creyentes fervientes" y sabían que la Biblia era un objeto al que se le atribuían virtudes portentosas.

Recientemente fui a visitar a una anciana enferma quien se frotaba el pecho con una Biblia abierta en el Salmo 23 y sentía alivio. La relación de causa y efecto era cuestionable, pero no para ella.

Por otro lado están quienes ven la Biblia como un ídolo. Antes de que nuestra familia se convirtiera al evangelio, un hermano mío dejó una Biblia en la casa paterna. Mis padres la guardaron bajo llave en el baúl donde conservaban documentos importantes tales como certificados de nacimiento y escrituras de la propiedad. Si alguno de los hijos se aventuraba a leerla, era reprendido, porque esa era "la Palabra Santa de Dios". A veces uno pensaba, sin atreverse a decirlo, por supuesto: "Si es de Dios, ¿por qué no se la devolvemos, ya que nosotros no la usamos para nada?"

Estos son ejemplos llevados al extremo; pero no dejan de ilustrar el concepto mágico que algunas personas tienen de las Escrituras. Si controlas la magia, tienes el poder.

Entre el corazón y la cabeza

Hace muchos años, mientras trabajaba como libretista y productor de televisión educativa, tuve la oportunidad de ver una serie de programas donde enseñaban a nadar. Me interesó el tema y aprendí muchas técnicas del deporte. En poco tiempo sabía cómo mover las manos, cómo impulsarme con los pies, cómo controlar la respiración, y así sucesivamente. Podía enseñar a otros y de hecho lo hice. Tenía todo ese conocimiento en la cabeza, pero no sabía y hasta ahora no sé nadar.

La explicación es sencilla. De niño tuve una experiencia en el río, donde estuve a punto de ahogarme en una corriente de agua que me arrastró hasta un remolino. Los hermanos y primos que estaban conmigo no se dieron cuenta de la desgracia que estuvo a punto de suceder. Así pues, pasé el trauma solito y ni siquiera me atreví a confesarlo por miedo a un regaño. Me sentía culpable de haberme aventurado en la corriente peligrosa sin saber nadar.

Desde entonces me produce pánico meter la cabeza debajo del agua. Me parece que el líquido va a penetrar por los oídos y la nariz y me voy a morir. Con la razón sé que no es así; pero el pánico es irracional.

Para aumentar la desdicha de mi antipatía a la natación, mi bautismo en agua tuvo lugar en el mismo río y en la misma charca donde años antes había tenido la experiencia traumática. Cuando el pastor me sumergió, me inundó una ansiedad espantosa. Sin pensarlo dos veces, abrí la boca grande para respirar ¡debajo del agua! Tengo el privilegio de decir que fui bautizado por dentro y por fuera en el mismo acto. Cuando fui pastor y tenía que bautizar a alguien, siempre le advertía: "Tenga confianza, que no le va a suceder nada. La inmersión sólo toma unos instantes. No trate de respirar debajo del agua". Esto, por si acaso el candidato o candidata era tan cobarde como yo.

Mi nieto mayor, Felipe, ha ganado varios trofeos como experto nadador. Su sueño actual es obtener una beca de natación en la universidad. Me gusta mucho verlo deslizarse en el agua como un pez. El hermano de Felipe, Natán, también compite en el deporte.

A veces hago la lucha, a ver si ya perdí el miedo absurdo que me priva de tan interesante diversión. Pero cada vez que me aventuro a entrar en una piscina, una playa, o una charca, empiezo a luchar contra el agua, agitando las manos rápidamente como hacen los perros con las patas delanteras. Indefectiblemente, el agua gana y me hundo.

Sé muy bien que el agua puede sostener mi peso. Si dejo de luchar y literalmente me acuesto sobre la superficie líquida, puedo flotar. El agua tiene poder para sostener a un trasatlántico; ¿cómo no va a sostenerme a mí? De hecho, si me ahogo floto, porque los muertos no pelean contra el agua. Todo esto lo sé con el intelecto, pero no lo creo con las entrañas ni lo practico con la voluntad.

El poder de la Palabra

Mi experiencia con el agua es una metáfora extendida de la forma típica en que muchas personas se enfrentan al estudio de la Biblia. Intelectualmente, saben que es la Palabra de Dios, viviente, penetrante y transformadora. Pero en la práctica la tratan como letra muerta a la cual pueden manipular para que diga lo que quieren que diga sin más consecuencia.

El escritor de la carta a los Hebreos afirma:

> *Porque la palabra de Dios es viva y eficaz, y más cortante que toda espada de dos filos; y penetra hasta partir el alma y el espíritu, las coyunturas y los tuétanos, y discierne los pensamientos y las intenciones del corazón. Y no hay cosa creada que no sea manifiesta en su presencia; antes bien todas las cosas están desnudas y abiertas a los ojos de aquel a quien tenemos que dar cuenta.*
>
> Hebreos 4:12, 13

Dice Mulholland, en la página 39 de su libro, que "viva y eficaz" significa que la Palabra es una presencia activa y creadora en nuestras vidas la cual procura realizar en nosotros los propósitos de Dios. La expresión "más cortante que toda espada de dos filos; y penetra hasta partir el alma y el espíritu, las coyunturas y los tuétanos" es una traducción adecuada, pero en realidad no transmite la raíz de las palabras griegas.

"Coyunturas y tuétanos" son significados secundarios de los términos en el idioma original. En su significado esencial, *coyuntura* es aquello que une las cosas, la dinámica unificadora que mantiene las partes de algo en su relación apropiada. *Tuétano,* en su significado básico, es aquello que está en el centro, en la esencia de algo. Lo que el autor de Hebreos dice es que la Palabra de Dios llega al mismo centro de lo que somos. Penetra hasta lo que nos unifica y nos integra como persona. Toca lo que forma la mismísima esencia de nuestro ser. Y por si acaso todavía no captamos la idea, añade que discierne los pensamientos y las intenciones del corazón, y que no hay cosa creada que se esconda de su presencia.

Como mil Niágaras celestiales, la Palabra tiene poder para saciar la sed de eternidad de la humanidad. Pero en el empeño por controlarla, cometemos traición contra nuestro propio corazón y nos quedamos sin escuchar lo que el Autor tiene que decirnos. En palabras del profeta Jeremías, a pesar de tener acceso a la Fuente de agua viva, nos cavamos cisternas rotas que no retienen agua (Jeremías 2:13).

Niveles de profundidad

El doctor Justo González afirma que leer la Biblia es entrar en un diálogo interactivo con el texto, en el cual la Palabra nos habla y nosotros le hablamos a ella desde nuestro propio contexto y perspectiva. Leemos para obtener información, para recibir dirección en las decisiones del diario vivir y para encontrar percepción y fortaleza mientras le encontramos sentido a nuestra realidad. Interpretamos la Biblia y ella nos interpreta en forma radicalmente nueva y en última instancia afirmativa.

Otra manera de articular los enfoques de la lectura bíblica es en términos de niveles de profundidad. Podemos leer desde las perspectivas de información, contexto, mensaje del autor humano, intención divina, o voz del Espíritu. Obviamente, estos niveles no son mutuamente exclusivos ni están en realidad nítidamente enmarcados en compartimentos intelectuales separados, sino que se intersecan y afectan entre sí.

El primer nivel, como dice el doctor González, es el de *información*. Leemos para saber qué sucedió, quién mató a quién y dónde; de qué color eran los ojos de Nehemías o cuántos metros cúbicos medía el arca de Noé. En el sentido de lectura devocional, éste es el nivel más elemental de estudio bíblico. Desafortunadamente, algunos lectores y lectoras nunca van más profundos.

El segundo nivel es de *contexto*, esto es, el ambiente histórico, cultural, político y socioeconómico en que ocurre la narración bíblica. Leemos para conocer las costumbres de la época, cómo la gente vestía, qué comían, cómo eran las relaciones matrimoniales y familiares, cómo resolvían las crisis de la vida diaria. Éste es un nivel interesante y a menudo nos ayuda a encontrarles sentido a nuestras propias costumbres y valores.

Un tercer nivel tiene que ver con el *mensaje del autor humano*. Investigamos cuál era el mensaje del escritor para su audiencia inmediata y qué pertinencia tiene dicho mensaje para nosotros que vivimos en otra época y otro entorno. En este nivel procuramos contestar preguntas tales como cuál era el mensaje del autor del libro de Jonás a un pueblo israelita responsable de transmitir a todas las naciones del mundo la noción de un Dios único, verdadero y misericordioso. O qué le decía Juan, el visionario de Patmos, a una iglesia perseguida debido a su fe en el señorío absoluto de Cristo, por el monstruo aparentemente invencible del imperio romano, y qué pertinencia tiene ese mensaje para hoy.

Un cuarto nivel, aun más profundo que los anteriores, es el de la *intención divina* que trasciende el propósito del autor humano. Si la Biblia es en verdad la Palabra de Dios, entonces hay en ella un mensaje divino de proporciones universales y permanentes, del cual en ocasiones el escritor ni siquiera estaba consciente. Por ejemplo, Pablo escribe a los creyentes de la iglesia en Corinto para atender situaciones particulares que afectaban a esa congregación. Hoy estudiamos las cartas paulinas y encontramos discernimiento de parte de Dios para percibir, juzgar, interpretar y responder a realidades harto diferentes de las de los corintios. Porque la Palabra de Dios es viva y eficaz.

Hay un quinto nivel, que a falta de un concepto más adecuado, podemos llamar la *voz del Espíritu*. Es lo que la Palabra me dice *a mí*, en mi situación personal actual, independientemente de lo que le diga o le haya dicho a otras personas en otros contextos. Es lo que podría llamarse lectura contemplativa de las Escrituras, donde me enfrento al texto sin ideas preconcebidas de lo que me va a decir, sin intentos de control. Es "flotar en el agua", con la confianza plena de que me va a sostener y guiar a la mismísima presencia del Trono de la Gracia.

Ésta es la forma más difícil de dialogar con la Palabra. En cierto sentido es "contra natura", por cuanto se opone a la tendencia natural de estar en control. No obstante, es la que más podría identificarse como disciplina espiritual. Contrario a lo que la descripción sugiere, no es lectura de interpretación individualista y privada, sino que resalta mi participación activa en la comunión de los santos.

Como dice Cassese en la página 162 de su libro:

La Biblia fue escrita para ser leída en comunidad. Y la primera faceta que la Escritura transforma es nuestro sentido de comunidad. Esto quiere decir que incluso cuando la leemos devocionalmente, es decir, en un profundo recogimiento espiritual, la palabra de Dios siempre nos impulsa hacia Dios y el prójimo.

El profesor David Stanley, del Colegio Regis en Ontario, Canadá, dice que mediante el estudio contemplativo de las Escrituras uno puede "escuchar" lo que Cristo le dice en su propia situación existencial, o puede "ver" lo que Dios quiere realizar a través de uno en el mundo contemporáneo. A través de la participación en el diálogo con Dios, uno aprende a responder adecuadamente en su tiempo y con los recursos a su disposición.

Esta respuesta mía, aunque es intensamente personal, no es de ninguna manera un acto de individualismo rústico. Respondo necesariamente como miembro del pueblo de Dios, o mejor aun, como hijo en la familia de Dios. La frase célebre [de Ignacio de Loyola], familiaritas cum Deo in oratione *[familiaridad con Dios en oración] puede traducirse como la adquisición en oración de un sentido de familia, la familia de Dios.* (Stanley, página 6).

La Palabra hecha carne

James B. Smith, capellán e instructor de teología práctica en Friends University, Wichita, Kansas, EE.UU., describe su experiencia desesperante de aprender lo que él llama "exégesis del corazón", es decir, escuchar la Biblia con el corazón en vez de controlarla con el intelecto.

Smith, mejor conocido como Jim, era estudiante de seminario. En su segundo año de estudios, asistió a un retiro silencioso de cinco días en un monasterio episcopal. Lo hizo con el fin de rescatar el calor espiritual que creía haber perdido. En el monasterio le asignaron como mentor a un monje quien sería su director espiritual durante una hora cada día. Éste le dio una sola tarea para el día: meditar en un pasaje bíblico conocido.

Jim pasó el día en un pequeño cuarto sin ventanas, con un profundo sentido de soledad, desmenuzando exegéticamente el pasaje al revés y al derecho. Al día siguiente, el monje no se impresionó con los hallazgos teológicos. Le asignó el mismo pasaje, con instrucciones de leerlo no tanto con la cabeza, sino con el corazón. Lo mismo el otro día y el otro.

Jim confiesa que la experiencia le provocó desilusión, enojo, gritos y hasta lágrimas. Cuando finalmente se rindió y dejó de luchar con el texto, pudo escuchar claramente la voz amorosa de Dios hablándole al corazón.

> *Tuve que reaprender que la Biblia es un libro dirigido primordialmente a la voluntad del lector. Tenía miedo de oír lo que la Biblia podría decir porque sospechaba que podría pedirme que cambiara mi vida. Lo hizo. Cuando yo estaba "dirigiendo el juego"... podía esquivar la contemporaneidad de la Biblia... Finalmente, reaprendí que leer la Biblia requiere lo que los santos de antaño llamaban "contemplación". Fue en la soledad y el silencio que el ruido y la prisa del mundo finalmente cesaron el tiempo suficiente para que yo escuchara.* (Smith, página 31).

Jim afirma que la contemplación requiere reflexión profunda, repetición, paciencia y persistencia. Pero sobre todo requiere "renunciar a dirigir el juego", a controlar la dirección del ejercicio espiritual, y dejar que sea Dios quien dirija. Por supuesto, puede haber un matrimonio feliz entre el estudio textual y la contemplación, mirándolos no como en competencia, sino en colaboración. Uno sin el otro se siente incompleto, concluye Jim.

Una forma de "escuchar la Biblia con el corazón", de leerla como disciplina espiritual, es escoger un pasaje en oración y leerlo una y otra vez paciente y persistentemente, hasta entrar en diálogo dinámico con el Autor, expresando honestamente lo que sentimos y escuchando activamente lo que él tiene que decir. Para este ejercicio es vital obviar lo que dicen los Comentarios Bíblicos y especialmente las notas en las Biblias Anotadas, ya que estos tienden a "contaminar" lo que uno es capaz de escuchar en el texto.

Como sucedió en el caso de Smith, éste puede ser un ejercicio a la vez desesperante e iluminador. Paradójicamente, un obstáculo muy común es esforzarse demasiado por oír, por "luchar contra el agua". En forma metafórica, hay que "morir al intelecto" para poder flotar.

El resultado siempre es sorprendente, una experiencia de "¡Wow!", como diría mi profesor de Antiguo Testamento.

Resumen

La Biblia es un recurso extraordinario para el cultivo de una relación de intimidad con Dios y con la comunidad de fe. Leemos la Biblia para obtener información, dirección y fortaleza en la práctica de la vida cristiana. Sobre todo, para involucrarnos en conversación contemplativa, interactiva y transformadora con el Creador.

Como ocurre con otras disciplinas espirituales, el estudio contemplativo no es la única manera válida de acercarse al texto. Ni siquiera es la más fácil. Pero si se cultiva como un hábito, puede enriquecer inmensamente la vida cristiana tanto personal como comunitaria.

En la primera Navidad, la Palabra de Dios se hizo carne y habitó entre nosotros llena de gracia y de verdad (Juan 1:14). Hoy la Palabra encarna de nuevo en nosotros y nosotras. Dios "nos pronuncia" a una vida nueva llena de gracia y de verdad, donde tenemos comunión constante con Dios y con todos los miembros de su familia y donde reinamos con Dios en la realización anticipada del reino escatológico prometido de justicia y paz.

Dios puede hablarnos desde cualquier nivel o enfoque con que nos acerquemos a las Escrituras. Es su Palabra y es viva y eficaz. Nuestra actitud y sensibilidad hacia su voz pueden facilitar o interferir con el proceso de comunicación del mensaje divino.

ALGO EN QUE PENSAR

Meditación comunitaria

Algunas personas se sorprenden cuando oyen decir que la Biblia fue escrita para ser escuchada en público y no tanto para ser leída en privado. Se les olvida que la invención de la imprenta, que hizo posible la distribución extensa del libro, ocurrió muchos siglos después del cierre del canon.

El Reverendo Rowan Williams, arzobispo de Canterbury de la Iglesia Anglicana, comentaba sobre esto en un artículo que publicó recientemente en la revista *The Christian Century* [*El siglo cristiano*].

Decía Williams que los cristianos y cristianas de la tradición protestante tienden a pensar en la Biblia como si fuera ante todo un libro que la gente lee en privado. En su opinión, ésta es una reacción comprensible a una situación en la que no se estimulaba a los individuos a leer en privado y dependían totalmente de una elite clerical para contarles acerca del mensaje escritural.

Aunque comprensible, ésta fue una reacción un tanto exagerada, como el movimiento de un péndulo que va de un extremo a otro. En el principio de la vida de la iglesia cristiana, añade Williams, la Biblia era definitivamente un libro leído en comunidad, del mismo modo que las Escrituras hebreas, que nosotros conocemos como el Antiguo Testamento, eran leídas en las sinagogas.

En esos primeros siglos del cristianismo muy poca gente podía darse el lujo de tener una biblioteca de varias docenas de rollos copiados a mano. Así pues, por lo menos hasta principios de la Edad Media, la Biblia era una colección de libros leídos por y en comunidades. La lectura se hacía en el contexto de oración e interpretación meditativa regular. El Arzobispo de Canterbury piensa que lo que salió mal, más tarde en la Edad Media, parece haber sido que la Biblia fue dividida en segmentos minúsculos, textos utilizados para probar un punto más que para abrir la historia de la obra de Dios.

Inicialmente, la Reforma fue un intento de poner la Biblia en el corazón de la iglesia de nuevo y no entregarla en las manos de lectores privados. Desafortunadamente, hoy parece predominar la tendencia extrema de individualizar el estudio del libro sagrado y dedicar muy poco tiempo a la lectura pública comunitaria.

CAPÍTULO 5
La ofrenda como disciplina

Ofrendar es presentar un sacrificio o una dádiva como acto de adoración a Dios. En el Antiguo Testamento, especialmente en los capítulos 2 al 6 del libro de Levítico, se mencionan varios tipos de sacrificios denominados ofrendas. Por ejemplo: 1) ofrendas por errores y actitudes que pasaron inadvertidas; 2) por transgresiones u ofensas específicas; 3) holocaustos, ofrendas de animales quemados en su totalidad en el altar, que simbolizaban rendición total a Dios; 4) ofrendas de paz, para renovar las relaciones espirituales con Dios y los demás, que por lo general se celebraban juntamente con una comida fraternal; 5) frutos de la tierra, para reafirmar las bendiciones recibidas; 6) ofrendas elevadas y mecidas, presentadas como un regalo especial para Dios.

La palabra holocausto es de origen griego, y quiere decir lo que se quema en su totalidad. La palabra correspondiente en hebreo significa "lo que sube del altar", o "lo que sube al cielo en forma de humo". Al holocausto se le atribuía importancia especial por considerarlo homenaje al Señor. Por consiguiente, el animal sacrificado debía ser íntegro, macho y sin defecto.

En el Nuevo Testamento se exhorta a los creyentes a dar ofrendas especiales a Dios de diferentes maneras: 1) mediante la presentación de nuestros cuerpos y mentes (Romanos 12:1, 2); 2) con actos de amor y compañerismo (Hebreos 13:16); 3) con dinero y cosas materiales (Filipenses 4:18); 4) con alabanzas y oraciones (Hebreos 13:15). En cuanto a ofrendas por el pecado, el libro de Hebreos insiste en que los sacrificios no podían limpiar la conciencia del adorador y que la ofrenda que Cristo hizo de sí mismo cumple plenamente el antiguo sistema (Hebreos 9:12-14).

Un dato que sobresale es que, con excepción de las ofrendas prescritas por transgresiones específicas, las demás eran de carácter totalmente voluntario. La actitud del oferente era vital. Si Dios no aceptaba a la persona, tampoco aceptaba su ofrenda. Un ejemplo de esto lo vemos en el mismo amanecer de la narrativa bíblica. Las primeras personas de quienes se dice que llevaron ofrendas a Dios fueron Caín y Abel.

> *Y Abel fue pastor de ovejas, y Caín fue labrador de la tierra. Y aconteció andando el tiempo, que Caín trajo del fruto de la tierra una ofrenda a Jehová. Y Abel trajo también de los primogénitos de sus ovejas, de lo más gordo de ellas. Y miró Jehová con agrado a Abel y a su ofrenda; pero no miró con agrado a Caín y a la ofrenda suya. Y se ensañó Caín en gran manera, y decayó su semblante. Entonces Jehová dijo a Caín: ¿Por qué te has ensañado, y por qué ha decaído tu semblante? Si bien hicieres, ¿no serás enaltecido? y si no hicieres bien, el pecado está a la puerta; con todo esto, a ti será su deseo, y tú te enseñorearás de él.*
>
> Génesis 4:2-7

Caín y Abel trajeron ofrendas de lo que tenían. Nadie las requirió de ellos. No es cierto lo que a menudo predicamos, que Dios aceptó la ofrenda de Abel porque era de animales y rechazó la de Caín porque era de vegetales. Cada uno trajo lo que tenía conforme a su oficio.

Lo que el texto infiere es que Dios aceptó la ofrenda de Abel porque aceptó a Abel y rechazó la de Caín porque rechazó a Caín. Lo que hizo la diferencia fue la actitud de cada uno. Dios mismo le advierte a Caín que su actitud es peligrosa y puede conducirlo a pecar, pero que él tiene la capacidad de vencer el pecado. Si lo vence, será enaltecido.

Un caso parecido ocurre en la iglesia del Nuevo Testamento, donde una pareja trae una ofrenda de una propiedad que vendieron. Son condenados no por la cantidad que dan, sino por su actitud mentirosa, egoísta e hipócrita. Aunque son voluntarias, Dios toma en serio las ofrendas y especialmente el corazón de quien las ofrece.

> *Pero cierto hombre llamado Ananías, con Safira su mujer, vendió una heredad, y sustrajo del precio, sabiéndolo también su mujer; y trayendo sólo una parte, la puso a los pies de los apóstoles. Y dijo Pedro: Ananías, ¿por*

qué llenó Satanás tu corazón para que mintieses al Espíritu Santo, y sustrajeses del precio de la heredad? Reteniéndola, ¿no se te quedaba a ti? Y vendida, ¿no estaba en tu poder? ¿Por qué pusiste esto en tu corazón? No has mentido a los hombres, sino a Dios.

Hechos 5:1-4

Aunque el texto no lo especifica, aparentemente la intención maligna de Ananías y Safira era doble. Por un lado, recibían el elogio de la iglesia por su generosidad extrema al hacerles creer que habían dado todo el dinero. Por el otro, si de veras lo habían dado todo, ahora podían beneficiarse del fondo común de la congregación sin temor al reproche, a la vez que guardaban su dinero en el banco. No contaban con la sabiduría de Dios y la percepción espiritual de la iglesia.

Todo es de Dios

El concepto hebreo sobre la propiedad es que todo es de Dios. Cuando ofrendamos, lo que en realidad hacemos es dar a Dios en gratitud parte de lo que le pertenece a Dios y que nos ha concedido el privilegio de disfrutar.

De Jehová es la tierra y su plenitud;
El mundo, y los que en él habitan.

Salmos 24:1

Mía es la plata, y mío es el oro, dice Jehová de los ejércitos.

Hageo 2:8

Tuyos son los cielos, tuya también la tierra;
El mundo y su plenitud, tú lo fundaste.

Salmos 89:11

No tomaré de tu casa becerros,
Ni machos cabríos de tus apriscos.
Porque mía es toda bestia del bosque,
Y los millares de animales en los collados.
Conozco a todas las aves de los montes,

> *Y todo lo que se mueve en los campos me pertenece.*
> *Si yo tuviese hambre, no te lo diría a ti;*
> *Porque mío es el mundo y su plenitud.*
>
> Salmos 50:9-12

> *Tuya es, oh Jehová, la magnificencia y el poder, la gloria, la victoria y el honor; porque todas las cosas que están en los cielos y en la tierra son tuyas. Tuyo, oh Jehová, es el reino, y tú eres excelso sobre todos. Las riquezas y la gloria proceden de ti, y tú dominas sobre todo; en tu mano está la fuerza y el poder, y en tu mano el hacer grande y el dar poder a todos. Ahora pues, Dios nuestro, nosotros alabamos y loamos tu glorioso nombre. Porque ¿quién soy yo, y quién es mi pueblo, para que pudiésemos ofrecer voluntariamente cosas semejantes? Pues todo es tuyo, y de lo recibido de tu mano te damos. Porque nosotros, extranjeros y advenedizos somos delante de ti, como todos nuestros padres; y nuestros días sobre la tierra, cual sombra que no dura. Oh Jehová Dios nuestro, toda esta abundancia que hemos preparado para edificar casa a tu santo nombre, de tu mano es, y todo es tuyo.*
>
> 1 Crónicas 29:11-16

Una manera de reafirmar la posesión divina de todas las cosas era la práctica del diezmo. Consistía en separar una décima parte de todos los ingresos o ganancias y dedicarla a Dios para fines religiosos y como expresión de adoración.

La práctica del diezmo antecede a la ley mosaica. Se menciona por primera vez en la historia bíblica cuando después de una victoria militar, el patriarca Abraham dio los diezmos del botín de guerra al sacerdote Melquisedec, quien representaba al "Dios Altísimo".

> *Cuando volvía de la derrota de Quedorlaomer y de los reyes que con él estaban, salió el rey de Sodoma a recibirlo al valle de Save, que es el Valle del Rey. Entonces Melquisedec, rey de Salem y sacerdote del Dios Altísimo, sacó pan y vino; y le bendijo, diciendo: Bendito sea Abram del Dios Altísimo, creador de los cielos y de la tierra; y bendito sea el Dios Altísimo, que entregó tus enemigos en tu mano. Y le dio Abram los diezmos de todo.*
>
> Génesis 14.17-20

El texto no explica de dónde aprendió Abraham que ésta era una manera apropiada de reconocer la soberanía de Dios sobre todas las cosas. Probablemente, conocía el ejemplo de sus antepasados Caín y Abel, quienes procuraron honrar a Dios con sus ofrendas.

En la ley mosaica, se requiere del pueblo de Dios el diezmo de todo (Levítico 27:30-32). El diezmo se usaba para el sostén de los levitas, quienes eran la tribu sacerdotal, representantes de Dios en la adoración (Números 18:21-28). Quizás el principio detrás del requisito era arraigar en la mentalidad del pueblo la idea de que todo es de Dios y que él provee formas de expresarle gratitud por todas sus bondades. Negarse a dar los diezmos implicaba desconfianza y menosprecio de la provisión y el cuidado divino. Resultaba en maldición, no porque Dios sintiera placer en maldecir al pueblo, sino por la actitud necia de depender de los propios recursos y no de las promesas divinas (Malaquías 3:6-12; ver Deuteronomio 28:1-13).

La costumbre de dar los diezmos aparece también en el Nuevo Testamento (Mateo 23:23). Los escribas y los fariseos eran sumamente escrupulosos en diezmar aun las hierbas más diminutas, como la menta, el anís y el comino. No obstante, fueron reprendidos duramente por Jesús debido a su legalismo extremo. Jesús afirma la práctica de diezmar, pero condena las actitudes negativas al hacerlo.

> *¡Ay de vosotros, escribas y fariseos, hipócritas! porque diezmáis la menta y el eneldo y el comino, y dejáis lo más importante de la ley: la justicia, la misericordia y la fe. Esto era necesario hacer, sin dejar de hacer aquello. ¡Guías ciegos, que coláis el mosquito, y tragáis el camello!*
>
> Mateo 23:23, 24

Hoy día el hábito de dar el diezmo como una forma de adorar a Dios y demostrar confianza en su provisión amorosa es común en la mayoría de las iglesias cristianas. El diezmo representa la cantidad mínima que se presenta a Dios en gratitud por su provisión abundante. Quienes lo presentan reconocen que todo es de Dios, tanto el diez por ciento que traen al altar con el noventa por ciento que retienen. Implícitamente, se comprometen a administrar responsablemente la porción retenida.

Las ofrendas como adoración

Lo primero que resalta al examinar la práctica bíblica de diezmar y ofrendar es que tanto el dinero como los demás bienes se ofrecían a Dios como actos de adoración. La actitud del oferente era más importante que la cantidad ofrecida. En una ocasión, Jesús observó a la gente depositar ofrendas en el arca del templo. Elogió a una pobre viuda que echó dos monedas de cobre, en contraste con los ricos quienes echaban mucho.

> Estando Jesús sentado delante del arca de la ofrenda, miraba cómo el pueblo echaba dinero en el arca; y muchos ricos echaban mucho. Y vino una viuda pobre, y echó dos blancas, o sea un cuadrante. Entonces llamando a sus discípulos, les dijo: De cierto os digo que esta viuda pobre echó más que todos los que han echado en el arca; porque todos han echado de lo que les sobra; pero ésta, de su pobreza echó todo lo que tenía, todo su sustento.
>
> Marcos 12:41-44

La blanca (griego *lepton*, pequeño) era la moneda de menor valor en la economía judía (Lucas 12:59). La tradición rabínica la establecía como la ofrenda mínima. Sin embargo, Jesús vio la acción de la viuda como adoración máxima, pues implicaba riesgo de supervivencia.

En algunos contextos modernos el acto de ofrendar parece más una transacción comercial o una interrupción necesaria en la liturgia que un momento solemne de profunda gratitud al Dueño de todo lo creado. En ocasiones el tiempo de la ofrenda se convierte en una lucha de voluntades. Por un lado está la persona que pide la ofrenda, inventando ilustraciones y artimañas para extraer del bolsillo del adorador la mayor cantidad posible. Por el otro el feligrés, que sabe los trucos de memoria, lucha por no dejarse convencer y en cambio echar en el plato el mínimo que ya había determinado de antemano.

Otro elemento que facilita o entorpece la atmósfera de adoración es lo que hace la congregación mientras ofrenda. En algunos casos utilizan el momento de la ofrenda para hacer anuncios o atender otros asuntos "para aprovechar el tiempo". Es como si concentrarse en ofrendar solamente fuera una pérdida de tiempo valioso.

En muchos servicios, especialmente de las llamadas "iglesias históricas", tocan música suave en el órgano o el piano para propiciar un clima de adoración. En otras, especialmente de corte pentecostal, cantan coros "avivados" a todo volumen, con el propósito inconsciente de hacer algo "religioso" en lo que "se recoge la ofrenda". A menudo el mensaje que se transmite es que cantar el coro tiene validez prioritaria sobre el acto de ofrendar.

La ofrenda como disciplina

La letra de algunos de los coros contribuye a tergiversar el propósito litúrgico de la ofrenda.

La ofrenda, la ofrenda, la ofrenda de Dios,
Si tú das un peso el Señor te da dos.

Ésta es una actitud de negocio, no de adoración.

Dale la ofrenda al Señor, dásela de corazón,
Que cuando al cielo tú clames te conteste con amor;
Que no te quede dolor de lo que hayas ofrendado,
Dios bendice al dador alegre y le da más de lo que ha dado.

Lo mismo que el anterior.

Como la viuda que echó lo que tenía,
La única blanca la dio para el Señor;
Amado hermano, si tú das para Cristo,
Recibirás la bendición de Dios.

No damos para recibir; damos porque hemos recibido. Además, pocas veces hay quien dé "la ofrenda de la viuda", esto es, todo lo que tiene incluso en la cuenta bancaria.

Dar dinero con el propósito explícito de ser ricamente compensado no es caridad ni adoración; es una inversión comercial fríamente calculada. Hace unos años, salió en los periódicos la noticia de un hombre en Florida, EE.UU., quien demandó a su pastor. Aparentemente, el hombre había estado en la iglesia un domingo cuando el ministro predicó un sermón basado en el pasaje de Eclesiastés, "Echa tu pan sobre las aguas". Exhortó a la congregación a ser generosos y caritativos, con la promesa de que Dios les recompensaría diez veces más de lo que dieran. El hombre hizo una contribución sustancial a la iglesia y cuando su negocio no prosperó como él esperaba, demandó al ministro por falsa predicación. La demanda fue denegada y el juez le aconsejó al hombre que en el futuro no tomara los sermones tan literalmente.

Ofrenda para una necesidad específica

Podemos adorar al Señor con nuestra ofrenda cuando damos generosa y voluntariamente para satisfacer una necesidad específica. La diferencia entre esto y un simple acto de filantropía es de nuevo la actitud del corazón y la intención de adorar a Dios mientras ayudamos al prójimo. Toda ofrenda es para Dios, quien la emplea para bendecir a quien la da y a quien la recibe.

Cuando los israelitas fueron a construir el Tabernáculo de Reunión en el desierto, como lugar de encuentro con Dios, Moisés pidió ofrendas al pueblo.

> *Jehová habló a Moisés, diciendo: Di a los hijos de Israel que tomen para mí ofrenda; de todo varón que la diere de su voluntad, de corazón, tomaréis mi ofrenda. Esta es la ofrenda que tomaréis de ellos: oro, plata, cobre, azul, púrpura, carmesí, lino fino, pelo de cabras, pieles de carneros teñidas de rojo, pieles de tejones, madera de acacia, aceite para el alumbrado, especias para el aceite de la unción y para el incienso aromático, piedras de ónice, y piedras de engaste para el efod y para el pectoral. Y harán un santuario para mí, y habitaré en medio de ellos.*
>
> Éxodo 25:1-8

El pueblo se desbordó ofrendando.

> *Y salió toda la congregación de los hijos de Israel de delante de Moisés. Y vino todo varón a quien su corazón estimuló, y todo aquel a quien su espíritu le dio voluntad, con ofrenda a Jehová para la obra del tabernáculo de reunión y para toda su obra, y para las sagradas vestiduras. Vinieron así hombres como mujeres, todos los voluntarios de corazón, y trajeron cadenas y zarcillos, anillos y brazaletes y toda clase de joyas de oro; y todos presentaban ofrenda de oro a Jehová. Todo hombre que tenía azul, púrpura, carmesí, lino fino, pelo de cabras, pieles de carneros teñidas de rojo, o pieles de tejones, lo traía. Todo el que ofrecía ofrenda de plata o de bronce traía a Jehová la ofrenda; y todo el que tenía madera de acacia la traía para toda la obra del servicio. Además todas las mujeres sabias de corazón hilaban con sus manos, y traían lo que habían hilado: azul, púrpura, carmesí o lino fino. Y todas las mujeres cuyo corazón las impulsó en sabiduría hilaron pelo de cabra. Los príncipes trajeron piedras de ónice, y las piedras de los engastes para el efod y el pectoral, y las especias aromáticas, y el aceite para el alumbrado, y para el aceite de la unción, y para el incienso aromático. De los hijos de Israel, así hombres como mujeres, todos los que tuvieron corazón voluntario para traer para toda la obra, que Jehová había mandado por medio de Moisés que hiciesen, trajeron ofrenda voluntaria a Jehová.*
>
> Éxodo 35:20-29

Cuando ya hubo suficiente, recibieron instrucciones de que no trajeran más ofrendas.

La ofrenda como disciplina

> *Y tomaron de delante de Moisés toda la ofrenda que los hijos de Israel habían traído para la obra del servicio del santuario, a fin de hacerla. Y ellos seguían trayéndole ofrenda voluntaria cada mañana. Tanto, que vinieron todos los maestros que hacían toda la obra del santuario, cada uno de la obra que hacía, y hablaron a Moisés, diciendo: El pueblo trae mucho más de lo que se necesita para la obra que Jehová ha mandado que se haga. Entonces Moisés mandó pregonar por el campamento, diciendo: Ningún hombre ni mujer haga más para la ofrenda del santuario. Así se le impidió al pueblo ofrecer más; pues tenían material abundante para hacer toda la obra, y sobraba.*
>
> Éxodo 36:3-7

En el Nuevo Testamento, la iglesia de Antioquía dio ofrendas para ayudar a los creyentes de Jerusalén, quienes estaban pasando por un momento grave de escasez (Hechos 11:27-30). Pablo exhorta a los corintios a dar generosamente y con corazón alegre para ayudar a las personas necesitadas (2 Corintios capítulos 8 y 9). Les estimula a ofrendar con un sentido de expectación de lo que Dios va a hacer con la generosidad de ellos.

> *Cada uno dé como propuso en su corazón: no con tristeza, ni por necesidad, porque Dios ama al dador alegre. Y poderoso es Dios para hacer que abunde en vosotros toda gracia, a fin de que, teniendo siempre en todas las cosas todo lo suficiente, abundéis para toda buena obra.*
>
> 2 Corintios 9:7, 8

El anuncio en la fachada de un templo norteamericano que visité decía:

> DIOS AMA AL DADOR
> ALEGRE, PERO
> TAMBIÉN RECIBE EL
> DINERO DE TACAÑOS Y
> GRUÑONES

Me pregunto si en realidad era Dios quien recibía el dinero, pues hemos visto que para Dios la actitud es más importante que la cantidad. Por supuesto, solamente con actitud no se paga la electricidad ni se compra comida. Pero en términos litúrgicos hay diferencia entre una ofrenda para adorar a Dios y una simple contribución financiera para completar el presupuesto. Hay que hacer lo uno sin dejar de hacer lo otro. O mejor todavía, lo uno no puede estar separado de lo otro.

La ofrenda como disciplina espiritual

A través de este escrito hemos definido disciplina espiritual como cualquier cosa y todo lo que hacemos como respuesta a las manifestaciones de la gracia de Dios. Lo hacemos voluntaria, continua y espontáneamente para que Dios lo use o deje de usar como le plazca, sin esperar otra recompensa que tener comunión íntima con Dios y con la comunidad de fe. El acto de ofrendar se convierte en disciplina espiritual cuando se sujeta a estos criterios.

La ofrenda no depende de las circunstancias externas, sino de nuestro concepto de Dios y de las posesiones. En el mundo general, da quien tiene; en la esfera del reino de los cielos tiene quien da. En el ejemplo que vimos anteriormente, el pueblo de Israel ofrendó exageradamente mientras estaban en el desierto, sin casas ni propiedades y sin otra seguridad que la promesa de la presencia continua de Dios. Eso para ellos fue suficiente.

Las iglesias de Macedonia daban ofrendas abundantes en medio de grande prueba de tribulación y profunda pobreza. Lo hacían gozosamente, más allá de sus fuerzas, y lo consideraban un privilegio (2 Corintios 8:1-4). El secreto, decía Pablo, estaba en que "a sí mismos se dieron primeramente al Señor y luego a nosotros por la voluntad de Dios" (2 Corintios 8:5).

Algunos predicadores instan a la congregación "a dar hasta que les duela". Para que sea una disciplina espiritual, debe ser lo contrario: "dar hasta que les deje de doler"; dar como un privilegio, como un hábito del corazón. Sentir la sensación inefable de: ¡Qué extraordinario e indescifrable es este Dios a quien yo sirvo! Es dueño de todos los planetas, todas las galaxias, todas las minas de oro del universo, y sin embargo, en su misericordia acepta con satisfacción una pequeña ofrenda de mis manos. Es como si la reina Isabel de Inglaterra se gozara sinceramente de que yo le diera un caramelo.

Durante mi primer pastorado, trabajaba como supervisor general en el Departamento de Educación de mi país. Tenía un salario adecuado para vivir modesta pero cómodamente. Un domingo, al salir del culto, una ancianita muy pobre de la congregación me dio un billete de cinco dólares. "Tenga, pastor, esta es una ofrenda personal para usted", me dijo.

Para mí fue una experiencia sin precedente y no supe cómo responder. Pensé que era inconcebible para un funcionario del gobierno, con una casa bien amueblada y un automóvil nuevo, privar a una persona pobre de un dinero que con tanto trabajo adquirió.

"No, hermana. Yo no puedo aceptar esa ofrenda. Pero se lo agradezco de todos modos. Usted comprende."

Ella no comprendió. Al contrario, se sintió visiblemente ofendida y lo expresó con claridad.

"Aunque sea el pastor, usted no tiene derecho a quitarme el gozo de ofrendar. Si no quiere el dinero, déselo a otro o échelo a la basura. Ese no es asunto mío. Pero nunca más se atreva a negarse a recibir una ofrenda que alguien le dé. Eso es quitarle a uno el privilegio de dar."

Acepté el regaño, pedí perdón y aprendí la lección. Lo que pensé que era generosidad de mi parte era en realidad soberbia disimulada. Y para una persona soberbia es más fácil dar con generosidad que recibir con gozo. Cuando yo estoy en el lado receptor de la ofrenda, ayudo al dador a experimentar la bendición de adorar con sus bienes. Luego me enteré que para la anciana de esta historia, dar ofrendas de sus pocos ingresos era una disciplina espiritual, un hábito del corazón que le producía gozo.

Otra cosa que aprendí fue a compartir las ofrendas personales con otras personas cuando las circunstancias lo permitan. "Si no lo necesita, déselo a otro", me dijo la anciana. Cuando mi copa está rebosando es tiempo de ayudar a llenar la copa de alguien más, que puede estar seca. El mandamiento más difícil de cumplir es: "No sepa tu izquierda lo que hace tu derecha" (Mateo 6:3). Así que cuando comparto la ofrenda aprendo auto disciplina, si es que me esfuerzo por hacerlo en secreto.

Resumen

La ofrenda como un acto de adoración se basa en nuestro concepto de Dios, del prójimo, de nosotros mismos y de las cosas. El acto de ofrendar en gratitud a Dios por todas sus bendiciones nos une como pueblo agradecido de la presencia y actividad divina en nuestro medio. La actitud al ofrendar es de vital importancia. Si Dios no acepta nuestras actitudes, tampoco acepta nuestras ofrendas.

ALGO EN QUE PENSAR

Por sus chequeras los conoceréis

Me dice el misionero y teólogo Hong Yang que él puede detectar la espiritualidad de las personas revisando su libreta de cheques.

"Muéstrame tu chequera y yo te mostraré tus prioridades en la vida. Si no tienes problemas en pagar mensualmente cien dólares por el servicio de cable TV o de Internet, y tu ofrenda misionera es de cinco dólares, me estás diciendo lo que consideras más importante. Si el domingo echas solamente un dólar en el plato de la ofrenda y después del servicio vas al restaurante y con gusto pagas cincuenta dólares por una comida para dos y dejas una propina de diez dólares a la mesera que te atendió, sin darte cuenta me estás diciendo lo que piensas de la mesera comparado con lo que piensas del pastor. Dime en qué gastas el dinero y te diré quién eres como cristiano".

Capítulo 6
La asistencia a la iglesia

La iglesia cristiana es una comunidad dinámica de personas redimidas, con una visión misionera y una proyección escatológica, reunida para adorar a Dios. Lo que la hace una comunidad especial es que Jesucristo está presente y activo en medio de ella en el poder del Espíritu. La visión misionera se refiere a que la iglesia se esfuerza por encarnar la vida de Cristo en el mundo hasta que todos hayan conocido el amor creador, redentor y preservador de Dios para la humanidad. La proyección escatológica quiere decir que esperamos un mundo mejor de paz y justicia. En virtud de nuestra esperanza, tenemos la obligación de mejorar hoy este mundo en que vivimos, practicando la paz y la justicia a la medida de nuestras fuerzas y con la ayuda de Dios.

El documento conocido como *Lumen Gentium* (*Luz para todas las naciones*), del Segundo Concilio Vaticano de la Iglesia Católica, describe la iglesia como un "sacramento general". Esto quiere decir que es señal e instrumento de la gracia que une a los hombres y mujeres a Dios y entre sí. La participación en la iglesia nos da la gracia y la unidad para encarnar la vida de Cristo con nuestras actitudes y acciones diarias.

La iglesia es más que la suma de los participantes. Es un milagro que se puede describir utilizando la analogía de una sopa. Para hacer sopa —llámese potaje, guiso, sancocho, caldo, o ajiaco— se necesita una variedad de ingredientes: agua, sal, tomate, cebolla, papa, zanahoria, apio, ajo, trozos de carne, cilantro. Cada ingrediente contribuye su don peculiar al sabor de la sopa, pero la sopa es mucho más que la totalidad de los ingredientes. Es una realidad nueva con una consistencia y un gusto especial. El fuego de la hornilla y la mano experta de quien la cocina se combinan para unir los diferentes sabores hasta alcanzar su punto deseado.

Los ingredientes no pierden su identidad. La papa sigue siendo papa y la zanahoria, zanahoria, pero se necesitan mutuamente para que la sopa esté buena. Si algún ingrediente quiere "lucirse" y sobresalir por encima de los demás, como por ejemplo la sal, se daña la sopa. De igual modo, si la sal piensa que no es tan importante como la papa y "falta a la olla", también se daña el todo.

En el ejemplo bíblico del potaje que hizo el profeta Eliseo en el instituto bíblico de Gilgal, alguien le añadió calabacitas amargas a la sopa inadvertidamente. Eliseo pudo haber tirado todo el potaje, o buscado y castigado a la persona responsable. Pero no lo hizo. En cambio, echó en la olla un ingrediente neutralizador del veneno, y los seminaristas hambrientos pudieron saborear la sopa con todo y calabacitas amargas.

> *Eliseo volvió a Gilgal cuando había una grande hambre en la tierra. Y los hijos de los profetas estaban con él, por lo que dijo a su criado: Pon una olla grande, y haz potaje para los hijos de los profetas. Y salió uno al campo a recoger hierbas, y halló una como parra montés, y de ella llenó su falda de calabazas silvestres; y volvió, y las cortó en la olla del potaje, pues no sabía lo que era. Después sirvió para que comieran los hombres; pero sucedió que comiendo ellos de aquel guisado, gritaron diciendo: ¡Varón de Dios, hay muerte en esa olla! Y no lo pudieron comer. Él entonces dijo: Traed harina. Y la esparció en la olla, y dijo: Da de comer a la gente. Y no hubo más mal en la olla.*
>
> 2 Reyes 4:38-41

Algo parecido ocurre cuando nos reunimos como iglesia. Cada cual contribuye su don único para la edificación de la comunidad. Sin perder la identidad individual, la unión de todos es más que la suma de sus partes. No somos un puré amorfo en el que la zanahoria deja de ser zanahoria y la papa, papa. Somos una sopa bien condimentada y lista para alimentar al mundo que nos rodea con la fe, la paz, y la esperanza del amor encarnado de Dios. La presencia activa de Jesucristo y el poder del Espíritu Santo "hacen la sopa". Hasta las calabacitas amargas son útiles. Es difícil encontrar en cualquier idioma palabras que describan toda la realidad del milagro que ocurre cuando nos reunimos como iglesia. Por eso decimos que es un misterio, más fácil de experimentar que de definir.

La iglesia como misterio

El idioma es una entidad dinámica en continua evolución. A menudo las palabras cambian de significado con el paso del tiempo. Por ejemplo, en la década del 50, el currículo elemental de estudios sociales en los Estados Unidos incluía una unidad titulada "The Gay Eskimo", que se traducía "el esquimal alegre". Unos años más tarde fue necesario cambiar el tema, cuando la palabra "gay" había adquirido un significado negativo. Ahora el título implicaba que la unidad se refería a un homosexual del polo norte.

Algo parecido ocurre con la palabra misterio. La connotación actual es una cosa secreta, extraña, inescrutable, enigmática; algo que hay que descubrir y para lo cual se necesita una clave. Así hablamos, por ejemplo, de novelas de misterio.

Según el *Diccionario expositivo de palabras del Antiguo y Nuevo Testamento*, en el uso bíblico misterio es exactamente lo opuesto. Denota aquello que está fuera de la capacidad natural e individual. Por consiguiente, puede ser dado a conocer solamente mediante revelación divina, en una forma y un tiempo señalados por Dios, y a quienes son iluminados por su Espíritu.

En el sentido moderno, misterio implica conocimiento oculto. En la Biblia significa verdad revelada. Los conceptos que se asocian con el tema son "dado a conocer", "manifestado", "revelado", "predicado", "comprender", y otros relacionados. El apóstol Pablo lo aplica a la iglesia, la cual es el cuerpo de Cristo, esto es, la unión de las personas redimidas con Dios en Cristo.

Grande es este misterio; mas yo digo esto respecto de Cristo y de la iglesia.
Efesios 5:32

A quienes Dios quiso dar a conocer las riquezas de la gloria de este misterio entre los gentiles; que es Cristo en vosotros, la esperanza de gloria.
Colosenses 1:27

La mentalidad científica moderna ha hecho esfuerzos por eliminar los misterios del universo. La vida, la muerte, el tiempo; los astros;

todo lo que una vez tenía connotaciones trascendentales, inexplicables mediante la lógica y la razón, han sido reducidos a categorías cuantitativas, sujetos a métodos de laboratorio.

La iglesia no ha escapado la disección científica. Hablamos, pensamos y actuamos acerca de la iglesia en categorías de la industria, el comercio y las ciencias sociales. Construimos iglesias, administramos la iglesia, estudiamos y aplicamos técnicas de crecimiento de la iglesia. Todo se mide por producción. A veces, por la manera en que hablamos y actuamos, parecemos más dueños y accionistas de una empresa netamente humana que participantes de un misterio divino.

La iglesia como institución no es diferente de otras instituciones. Los valores que representa son tomados de la cultura cambiante y relativa que le rodea. La adoración se mide con reglas de "show biz", el mundo del espectáculo; las finanzas se controlan por principios de economía; el sermón obedece a normas de oratoria. Ante esa realidad, es difícil pensar en la participación en la iglesia como disciplina espiritual.

Por la misericordia de Dios, aunque tiene una dimensión institucional, la iglesia es más que una institución humana. Es en todo sentido un misterio, una verdad que únicamente se comprende por revelación y participación. Aunque es inefable, debe ser proclamada hasta que todos hayan oído. Las imágenes bíblicas que utilizamos para referirnos a la iglesia, tales como pueblo de Dios, cuerpo de Cristo, comunidad de fe, esposa de Cristo, pueblo peregrino, edificio de Dios y otras, son sólo metáforas que describen aspectos de la idea divina de tener comunión y comunicación con los seres humanos en comunidad mediante la presencia de Jesucristo y en el poder unificador e interpretativo del Espíritu Santo.

Pueblo de Dios.- En todo tiempo y entre todas las gentes, Dios les ha dado la bienvenida a quienes le temen y hacen el bien (Hechos 10:35). No obstante, a Dios le ha placido hacer a las personas santas y salvarlas no como individuos sin ningún lazo entre sí, sino convirtiéndoles en un solo pueblo; un pueblo que le reconoce en verdad y le sirve en santidad (1 Pedro 2:9, 10). El concepto de iglesia como pueblo conlleva la idea de unidad que trasciende los límites de historia, tiempo, raza y espacio geográfico.

Cuerpo de Cristo.- La iglesia como cuerpo enfatiza unidad en la diversidad, vitalidad, interdependencia y edificación mutua, así como el señorío de Cristo como Cabeza (1 Corintios 12:12-31).

Comunidad de fe.- Transmite la idea de personas con intereses comunes, reunidas para adorar y para ayudarse mutuamente, con la fe en Dios como elemento unificador.

Esposa o novia de Cristo.- La iglesia como novia sugiere la idea de un padre amoroso presentándola pura y radiante el día de su boda al final de los tiempos. Conlleva la noción de sacrificio, amor y entrega desprendida (Efesios 5:21-33).

Pueblo peregrino.- Esta es una imagen del Antiguo Testamento aplicada a Israel como pueblo de Dios. Implica continuidad histórica. Requiere la responsabilidad de dar buen testimonio a los de afuera y la certeza de que aunque la iglesia existe en el presente sistema de cosas, su esperanza está en el porvenir (1 Pedro 2:11, 12).

Edificio de Dios.- Es una estructura de piedras vivas, con Cristo de fundamento. El Espíritu la construye mediante dones, oficios o ministerios, e iluminación (1 Corintios 3:9; Efesios 2:20-22). Hay que aclarar que en la Biblia nunca se le llama iglesia a un edificio; la iglesia es la gente reunida. Aquí se habla de edificio en el sentido figurado de "piedras vivas, casa espiritual" (1 Pedro 2:5).

Se da el caso de líderes de la iglesia –puede ser el pastor, tesorero, o miembro de la junta de síndicos- que forman el hábito de estar en el edificio sin estar en la iglesia. Durante el tiempo de la adoración se quedan encerrados en la oficina dando consejería, preparando el informe mensual, planificando la campaña de aniversario, o cualquier otra actividad que consideran más importante que participar en la comunión de los santos y santas. Esta es una situación aislada y responde más a descuido o ignorancia que a mala intención. De todos modos, merece corregirse, pues transmite la impresión de que la adoración a Dios y la edificación mutua no son prioridades.

Igualmente sucede con algunos "artistas cristianos", quienes tienen la costumbre de llegar tarde, cantar, y luego instalarse en el vestíbulo con sus discos para la venta. No se dan cuenta de que sobre todo son adoradores y adoradoras y que su lugar está en la celebración de la presencia de Cristo juntamente con el resto de la comunidad. Amén de los predicadores que regularmente llegan a la hora del sermón y se van tan pronto predican porque tienen una agenda sobrecargada.

Ofrecer consejería o asesoramiento, preparar el informe, planificar una campaña, promover la buena música cristiana, o atender otros asuntos en la agenda, son actividades meritorias y necesarias. Pero no deben ocupar el espacio dedicado a la adoración comunitaria. Hay tiempo para todo en la viña del Señor. Como ocurre con el ejemplo de la sopa, todos y todas somos necesarios dentro de la olla al mismo tiempo para que el guisado tenga su sabor especial.

En resumidas cuentas, la iglesia es una realidad indescriptible, un verdadero misterio. Por un lado, es humana y temporal, dirigida por hombres y mujeres, y con un mensaje expresado en términos humanos. Sus principales rituales asemejan actos comunes: el bautismo es un lavamiento y la santa cena es una comida. Incluye gente pecadora y está sujeta a las vicisitudes de la historia. Por otro lado, es divina y eterna. Quienes la dirigen lo hacen en virtud de una comisión divina. El mensaje que predican es la comunicación de Dios y tiene el poder para perdonar pecados y transmitir vida eterna. El fundador y cabeza es Jesucristo, y por su relación con él los miembros han sido incorporados al reino de los cielos.

La iglesia es, por consiguiente, una realidad compuesta de elementos desiguales en una continua tensión dialéctica: humana y divina, terrenal y celestial, temporera y eterna. Cuando se rompe el diálogo entre estos elementos, la tendencia es a asumir posiciones extremas. Por un lado, el carácter seudo-espiritual de una iglesia que es tan inclinada al cielo que no sirve para nada en la tierra. Por el otro, un papel meramente pragmático del pensamiento humanista de la era post-moderna.

Es humanamente imposible comprender la relación entre estos elementos distintos y, en ocasiones, contradictorios. El concepto de misterio es precisamente un intento de reconciliación en este diálogo.

La participación en la iglesia como disciplina espiritual

La asistencia regular a las reuniones de adoración como iglesia es una manera de enriquecerse tanto espiritual como moral, sicológica y socialmente a la vez que participamos en el enriquecimiento de los demás adoradores y adoradoras. El autor del libro de Hebreos exhorta a los creyentes a reunirse y darse estímulo mutuamente.

> *Mantengamos firme, sin fluctuar, la profesión de nuestra esperanza, porque fiel es el que prometió. Y considerémonos unos a otros para estimularnos al amor y a las buenas obras; no dejando de congregarnos, como algunos tienen por costumbre, sino exhortándonos; y tanto más, cuanto veis que aquel día se acerca.*
>
> Hebreos 10:23-25

En la analogía de la sopa vimos que todos los ingredientes son necesarios y que la ausencia de uno afecta la efectividad de los demás. De igual manera, en la comunión de los santos y las santas todos somos necesarios para la edificación mutua.

Rowan Williams, Arzobispo de Canterbury de la Iglesia Anglicana, dice que en el latín original, el Credo de los Apóstoles anuncia la creencia en la *communio sanctorum* (la comunión de los santos). Para él, esto significa una de dos cosas, o quizás las dos: la experiencia de compartir entre gente santa, o el acto de compartir cosas santas. Compartir entre gente santa no es cierto tipo de club para los espiritualmente dotados; es simplemente la relación que mantiene unidos a quienes reconocen y expresan su adopción por parte de Dios. Este compartir se hace tangible y visible cuando el pueblo creyente está unido "respirando el aire de Cristo", haciendo real en palabras y acciones quienes son en relación con Jesús.

Para Williams, las diferentes ceremonias, sacramentos u ordenanzas de la iglesia son actuaciones de la identidad de la iglesia. Sobre el bautismo dice:

> *La iglesia es la comunidad de quienes han sido sumergidos en la vida de Jesús. Quienes son bautizados han desaparecido bajo la superficie del amor de Dios y reaparecido como gente diferente. Las aguas se cerraron sobre sus cabezas y entonces, como el mundo antiguo surgió del caos acuoso en el primer capítulo de la Biblia, surgió un mundo nuevo. Así pues, cuando la iglesia bautiza a la gente, dice lo que es y qué tipo de vida su gente vive...vemos lo que la iglesia es en realidad, una comunidad en la cual la gente [participa en] una nueva relación con Dios y con los demás.*

En cuanto a la Cena del Señor, comunión, o eucaristía, Rowan afirma que la iglesia es la comunidad de aquellos que han sido invitados a comer con Jesús. En su vida terrenal, Jesús expresó la promesa de crear un nuevo pueblo de Dios al compartir comidas con gente improbable. Después de su resurrección, compartió alimentos con los discípulos mientras les recordaba su tarea. Así ocurre con toda la iglesia.

> Estamos en la iglesia porque hemos sido invitados, no porque nos hayamos ganado un lugar. Así pues, cuando se reúne para comer y beber con Jesús en Santa Comunión, la iglesia dice una vez más quién y qué es. En el bautismo y la Santa Comunión, la naturaleza de la iglesia se expresa para nosotros. ¿Qué es la iglesia? Es simplemente aquellos que han sido sumergidos, empapados en la vida de Jesús y han sido invitados a comer con él y orar al Padre con él.

Más adelante, Rowan concluye que cuando los cristianos y cristianas se reúnen para adorar, no solamente comparten pan y vino. Se reúnen para que se les diga quiénes son, no solamente en acción sino en palabras, narraciones y canciones. Sobre todo, en las palabras, narraciones y canciones que son la Biblia.

La iglesia demuestra quién es mientras escucha la Biblia. Lo mismo ocurre mientras ora, ayuna, ofrenda y participa de todas aquellas prácticas que hemos dado en llamar disciplinas espirituales. Lo hace no con una agenda puramente racional, pragmática, individualista y egoísta, sino en respuesta al amor y al cuidado de Dios y como encarnación de la vida de Cristo en el mundo.

Cuando hablamos de la "inspiración" de la Biblia, nos referimos a su capacidad de ser vehículo del Espíritu Santo, haciendo a Jesús vívidamente presente en nuestras mentes y corazones, de ese modo haciendo inmediatos para nosotros su desafío e invitación, dice el arzobispo de Canterbury. En ese sentido, podríamos pensar en la "inspiración" de toda la experiencia de la iglesia en adoración.

Resumen

Como ocurre con otras disciplinas espirituales, la asistencia y participación regular en las reuniones de adoración contribuye poderosamente a una relación de intimidad con Dios y su pueblo. Algo misterioso y trascendental ocurre cuando los feligreses se reúnen como iglesia.

En el sentido negativo podríamos hablar de lo que no es la iglesia. Aunque se reúne en un edificio, la iglesia no es un edificio. Aunque se compone de gente, no es la gente. Aunque tiene una estructura administrativa, no es una estructura. En el sentido positivo, la iglesia se puede describir como una comunidad de personas redimidas, con una visión misionera y una proyección escatológica, con Jesucristo presente y activo en medio de ella, relacionándose y operando en el poder y la manifestación del Espíritu Santo. Aunque existía en la mente de Dios antes de que el mundo fuera, su fundación en el tiempo ocurrió mediante la persona y actividad de Jesús.

Las metáforas e imágenes que se utilizan para denominar la iglesia, tales como pueblo de Dios, cuerpo de Cristo, y otras, describen aspectos de la realidad del misterio que es la iglesia. Las ceremonias que son parte de la liturgia, tales como el bautismo y la Santa Cena, ayudan a la comunidad de fe a afirmar su identidad como pueblo de Dios.

ALGO EN QUE PENSAR

Vida en comunidad

El doctor Alberto Daniel Gandini es un pastor, psicólogo y escritor argentino de mucha experiencia. En la página 19 de su libro *La iglesia como comunidad sanadora* dice que algunas personas piensan que el concepto de comunidad se reduce a compartir actividades, pero que en realidad esto es algo más profundo. Según él, la comunidad se trata de convivencia real, de compartir las distintas experiencias de la vida. Cuando sólo se comparte un programa y los hermanos y hermanas no se pertenecen unos a los otros, ni forman en conjunto un grupo que vive, llora, dialoga, come, trabaja y crece, no hay cuerpo. Donde no hay cuerpo no hay vida.

En cambio, continúa diciendo Gandini, la comunidad vive cuando un grupo de hermanos y hermanas, bajo el llamamiento de Jesucristo y la integración en el Espíritu Santo, comparten las circunstancias a fin de aprender en comunidad la vida según el reino de Dios.

Mediante la vida en común, Dios adiestra a su pueblo, no para seguir modelos humanos enfermos, sino para que vivan a su imagen, en comunidad, que es la forma de vida que continuaremos practicando en Dios por toda la eternidad, concluye.

Capítulo 7
La meditación como disciplina

Meditar es pensar o reflexionar cuidadosamente para buscar o considerar una verdad. Normalmente, se piensa en la meditación como un ejercicio de análisis puramente intelectual. Sin embargo, la meditación como disciplina espiritual integra la memoria, la imaginación, las emociones, el intelecto y la intuición o percepción clara e instantánea que ocurre sin el concurso del razonamiento.

Meditación Trascendental

El término meditación a menudo se utiliza como equivalente a Meditación Trascendental, pero no es lo mismo. La Meditación Trascendental, también conocida como la Ciencia de la Inteligencia Creativa, es un movimiento popular fundado en la década de 1950 por un físico y filósofo hindú de nombre Maharishi Mahesh Yogi. Este insistía que se trataba de una ciencia que producía relajamiento y pensamiento creativo. En realidad, el movimiento es una versión del hinduismo.

A cada persona que se inicia en la Meditación Trascendental se le asigna una palabra secreta del idioma sánscrito, que se denomina *mantra*. Es sencillamente un sonido sin sentido. Durante el período de meditación, la persona repite el *mantra* cada vez que su mente divaga, a fin de no perder la concentración. La meta es sobrepasar todo pensamiento y alcanzar un estado de conciencia pura, para así obtener unidad con su dios.

El uso de la meditación para alcanzar experiencias transracionales de éxtasis contemplativo también se practica en el budismo y el Islam.

Meditación cristiana

En el contexto cristiano, la meditación es una forma de oración reflexiva encaminada a alcanzar conocimiento y crecimiento espiritual. Este conocimiento no se refiere a dominio intelectual de datos aislados. Tampoco infiere elementos tales como visiones, trances, profecías, dones espirituales especiales, ni conocimiento oculto. Es más bien una integración de la totalidad del ser a la voluntad de Dios y a la comunión con su pueblo.

Ignacio de Loyola, un especialista en el tema de la espiritualidad quien vivió a fines del siglo XV y primera mitad del XVI, insistía que la meditación lleva a la persona a experimentar el significado de la historia de salvación. Según él, la práctica emplea "los tres poderes del alma: memoria, comprensión y voluntad". Produce un aprecio existencial de las causas, poderes y consecuencias del pecado y de la acción libertadora de la justicia, la misericordia y el amor de Dios. En consecuencia, lleva al arrepentimiento, a un involucramiento personal y total con Cristo, a una reorientación completa de la vida salvada. Esto sólo se logra mediante una respuesta de fe a las buenas nuevas de salvación.

Los cristianos y cristianas son, pues, llamados a un tipo de meditación cualitativamente diferente de lo que enseña el hinduismo, aun en su forma de "ciencia de la inteligencia". La Biblia nos insta a meditar en Dios y en su Palabra de día y de noche y a actuar según ella nos instruye.

> *Nunca se apartará de tu boca este libro de la ley, sino que de día y de noche meditarás en él, para que guardes y hagas conforme a todo lo que en él está escrito; porque entonces harás prosperar tu camino, y todo te saldrá bien.*
>
> Josué 1:8

> *Sino que en la ley de Jehová está su delicia,*
> *Y en su ley medita de día y de noche.*
> *Cuando me acuerde de ti en mi lecho,*
> *Cuando medite en ti en las vigilias de la noche.*
>
> Salmos 1:2; 63:6

También nos invita a meditar en las obras de Dios.

Meditaré en todas tus obras,
Y hablaré de tus hechos.
Me acordé de los días antiguos;
Meditaba en todas tus obras;
Reflexionaba en las obras de tus manos.

Salmos 77:12; 143:5

Sobre todo, nos insta a meditar en las cosas puras y amables, las cuales elevan y santifican nuestra forma de pensar y actuar.

Por lo demás, hermanos, todo lo que es verdadero, todo lo honesto, todo lo justo, todo lo puro, todo lo amable, todo lo que es de buen nombre; si hay virtud alguna, si algo digno de alabanza, en esto pensad. Lo que aprendisteis y recibisteis y oísteis y visteis en mí, esto haced; y el Dios de paz estará con vosotros.

Filipenses 4:8, 9

Ocúpate en estas cosas; permanece en ellas, para que tu aprovechamiento sea manifiesto a todos.

1 Timoteo 4:15

A través de la historia de la iglesia cristiana hubo hombres y mujeres quienes se dedicaron intensamente a una vida de oración y meditación en busca de una experiencia extraordinaria de consagración, identidad y comunión con Dios. Les conoce como "místicos", categoría que incluye figuras notables de la iglesia tales como Bernardo de Claraval, Francisco de Asís, Eckhart de Hochheim, Ignacio de Loyola, Teresa de Ávila (o de Jesús), Madame de Guyon, Luis de Granada, Juan de la Cruz, y otros. Los místicos veían en la meditación una forma de devoción privada que les ayudaba a alejarse del mundo y cultivar una vida de santidad intensa y continua.

En palabras de Fray Luis de León, en su "Vida Retirada",

¡Qué descansada vida
La del que huye del mundanal ruido
Y sigue la escondida
Senda por donde han ido
Los pocos sabios que del mundo han sido!

Tanto los reformadores como John Wesley rechazaron firmemente el misticismo de sus tiempos, quizás por su énfasis desmedido en la búsqueda de un conocimiento directo de Dios a expensas de, y a menudo en contraste con, el disfrute del mundo externo natural. Algunos místicos veían el cuerpo como una prisión del alma, de la cual deseaban librarse para unirse lo antes posible con el Dios eterno. Así lo refleja Teresa de Ávila, mística del siglo XVI, en su poema "Versos nacidos del fuego del amor de Dios que en sí tenía":

> *Aquesta divina unión*
> *Del amor con que yo vivo,*
> *Hace a Dios mi ser cautivo,*
> *Y libre mi corazón;*
> *Mas causa en mí tal pasión*
> *Ver a Dios mi prisionero*
> *Que muero porque no muero.*
>
> *¡Ay! ¡Qué larga es esta vida,*
> *Qué duros estos destierros,*
> *Esta cárcel y estos hierros*
> *En que el alma está metida!*
> *Sólo esperar la salida*
> *Me causa un dolor tan fiero,*
> *Que muero porque no muero...*

Dice el doctor Justo González, en la página 529 del primer volumen de *Historia del cristianismo*, que en la historia se han dado dos clases de misticismo que conviene distinguir.

> *Uno es esencialmente cristocéntrico. No pretende llegar a Dios mediante la contemplación directa, o mediante una iluminación divina, sino a través de Jesucristo. Su contemplación se dirige hacia los sufrimientos de Jesús y hacia su resurrección y triunfo final...La otra clase de misticismo se deriva principalmente de la tradición neoplatónica. El propósito de quienes siguen este camino es ascender mediante la contemplación interna hasta llegar a una unión con el Uno inefable...en esa unión el alma llega a un estado de éxtasis.*

A pesar de su recelo hacia algunas de las experiencias de misticismo, la tradición protestante ha sido grandemente influida por su énfasis en la santidad personal y su búsqueda de una relación de intimidad con Dios.

Hoy vemos la meditación, no tanto como un aislamiento exageradamente espiritual del mundo, una contemplación interna, una iluminación divina, o un éxtasis del alma. Más bien, se entiende como una manera de reflexionar en la bondad inmerecida de Dios. Al hacerlo, nos identificamos como el pueblo objeto de esa bondad, y desarrollamos conciencia de una gratitud inefable que nos impulsa a pregonarla hasta que todos hayan oído. Como dice Ronald Koteskey, profesor de psicología en Asbury College, "cada cristiano que medita no busca perder su individualidad en el ser puro [Dios], sino encontrar su identidad como hijo de Dios" y miembro de la familia de los redimidos.

La meditación como disciplina

Posiblemente, la meditación sea una de las disciplinas más difíciles de cultivar, por lo menos en su etapa inicial. Esto es así porque requiere la capacidad de guardar silencio ante la majestad divina y esperar. Parece que los seres humanos le tenemos miedo al silencio y nos desespera esperar.

Teresa de Ávila confesó que cuando intentó por primera vez el ejercicio espiritual de la meditación, sentía la imposibilidad de recoger sus pensamientos y fijar su atención en las cosas del Espíritu. Le tomó más de catorce años practicar la meditación sin la ayuda de un libro de ejercicios.

Paradójicamente, es posible que a Teresa le tomara tanto tiempo porque se esforzó demasiado. Como hemos visto en las otras disciplinas, para tener comunión con el Eterno hay que renunciar al control, sumergirse en la Fuente de vida, confiar en el poder del Agua, para utilizar la imagen del nadador que mencionamos anteriormente.

Cuando meditamos, disolvemos las barreras entre la intuición y la voluntad, el intelecto y las emociones, la memoria y la imaginación. No tenemos prisa por oír la voz de Dios; Dios es el dueño del tiempo. No nos forzamos por analizar y discernir; Dios es Señor de los pensamientos y las intenciones del corazón. Sencillamente, disfrutamos de su presencia y de la comunión de los santos y santas.

Se han escrito muchos libros y programas para hacer la meditación más eficaz. El problema de éstos es que otra vez nos colocan al timón, controlando la acción. Una de las metas de este escrito es precisamente invitar a los lectores y lectoras a confiar en la dirección divina. Si al principio da trabajo meditar y esperar, se puede recitar salmos, cantar himnos, pensar y regocijarse en las maravillas que Dios ha hecho. Esto no con el propósito de atraer a Dios, sino de despojarnos "de todo peso y del pecado que nos asedia" y poner "los ojos en Jesús, autor y consumador de la fe" (Hebreos 12:1, 2).

Dice Giacomo Cassese en la página 161 de Comunión y comunidad:

> *Meditar es concentrar nuestra atención en aquello que es el objeto de nuestra adoración, de nuestro amor. Usualmente en silencio y con suficiente tiempo, le permitimos a nuestro pensamiento darse cuenta de lo que Dios significa para nosotros y las diversas formas en que nos muestra su amor...nos permite darle su justo valor y apreciar las cosas, incluso aquellas que forman parte de nuestra cotidianidad.*

Añade que son esas pequeñas cosas domésticas las que con frecuencia perdemos de vista. Al meditar en torno a la acción de Dios en nosotros redescubrimos su sentido. Como ocurre con otras disciplinas, la meditación contribuye a hacernos más humanos al acercarnos a lo divino.

Resumen

La meditación es una manera de reflexionar en la bondad inmerecida de Dios e identificarnos con el pueblo objeto de esa bondad. El sentido de gratitud individual y colectiva que la reflexión produce renueva la visión de vivir una vida santa y piadosa, y la misión de anunciar el amor y la buena voluntad de Dios a quienes no le conocen.

La meditación como disciplina espiritual integra la totalidad del ser —memoria, imaginación, emociones, intelecto, intuición— a la voluntad de Dios y a la comunión con su pueblo. Quizás sea una de las disciplinas más difíciles de cultivar porque requiere la capacidad de guardar silencio y esperar ante la majestad divina. Es Dios quien está en control del tiempo y el espacio, de los pensamientos y las intenciones del corazón.

ALGO EN QUE PENSAR

Los ejercicios espirituales

Los ejercicios espirituales van encaminados a mostrarles a quienes se ejercitan en ellos cómo integrarse, en su propia época y cultura, en el diálogo entre Dios y el ser humano. Para esto, las obras del entendimiento, o aun de la imaginación, no son suficientes. De acuerdo con el profesor David Stanley, la totalidad de la persona necesita ser asida, involucrada, consagrada a asumir su lugar correcto en el diálogo sagrado continuo que es la historia contemporánea de la salvación. Es "ponerse uno mismo en el cuadro", lo que Ignacio de Loyola llamaba "contemplación".

Cuando practico los ejercicios espirituales, debo esforzarme por medio de la gracia por colocarme en la actitud religiosa de escuchar y ver. Según Stanley, mediante la meditación en alguna escena de la narración bíblica de la salvación puedo "escuchar" lo que Cristo me dice en mi propia situación existencial. Puedo "ver" lo que él quiere realizar a través de mí en mi mundo del siglo presente. En fin, necesito aprender a contemplar a Cristo mientras me confronta en mi capítulo particular y personal de la historia sagrada. Mediante la experiencia de meditación habitual me convierto en un testigo de Cristo.

Capítulo 8
La disciplina del perdón

Muy pocas veces se piensa en la práctica del perdón como disciplina espiritual. Más bien se ve como una buena idea de la vida cristiana, la cual contribuye a asegurar entrada a la eternidad después que uno se muera. Perdonar como un hábito del corazón es la excepción antes que la regla.

Testimonio bíblico

En el testimonio bíblico, la fuente del perdón es Dios mismo. Desde el huerto de Edén, donde confronta y perdona la desobediencia de nuestros primeros padres, hasta la cruz del Calvario, donde compra el perdón de la humanidad con la sangre de su Hijo, el cuadro es de un Dios perdonador que por su misericordia y su fidelidad borra nuestras rebeliones.

En la visión de Moisés en el Sinaí, Dios mismo se proclama como perdonador:

> *Y Jehová descendió en la nube, y estuvo allí con él, proclamando el nombre de Jehová. Y pasando Jehová por delante de él, proclamó: ¡Jehová! ¡Jehová! fuerte, misericordioso y piadoso; tardo para la ira, y grande en misericordia y verdad; que guarda misericordia a millares, que perdona la iniquidad, la rebelión y el pecado, y que de ningún modo tendrá por inocente al malvado; que visita la iniquidad de los padres sobre los hijos y sobre los hijos de los hijos, hasta la tercera y cuarta generación.*
>
> Génesis 34:5-7

Aunque él visita "la iniquidad de los padres sobre los hijos y sobre los hijos de los hijos, hasta la tercera y cuarta generación" (v. 7), siempre provee lugar para el arrepentimiento y el perdón: "Pues sus corazones no eran rectos con él, ni estuvieron firmes en su pacto. Pero él, misericordioso, perdonaba la maldad, y no los destruía. Y apartó muchas veces su ira y no despertó todo su enojo" (Salmos 78:37, 38).

En el Nuevo Testamento, Jesús encarnó la imagen perfecta del Dios perdonador. De hecho, cuando Juan el Bautista lo presentó por primera vez en la escena del bautismo, exclamó: "He aquí el Cordero de Dios, que quita el pecado del mundo" (Juan 1:29). En la oración modelo que les enseñó a los discípulos, estableció la práctica del perdón como indicador de una vida perdonada.

> *Y les dijo: Cuando oréis, decid: Padre nuestro que estás en los cielos, santificado sea tu nombre. Venga tu reino. Hágase tu voluntad, como en el cielo, así también en la tierra. El pan nuestro de cada día, dánoslo hoy. Y perdónanos nuestros pecados, porque también nosotros perdonamos a todos los que nos deben. Y no nos metas en tentación, mas líbranos del mal.*
>
> Lucas 11:2-4

Pareciera que Jesús antepone el perdón humano como requisito indispensable para el perdón divino: "perdónanos porque también nosotros perdonamos". Sin embargo, lo contrario es cierto. Nosotros perdonamos porque hemos experimentado el perdón de Dios. Nuestro perdón es el resultado natural y no la causa de que Dios nos perdone.

La persona que es incapaz de perdonar es incapaz de vivir la vida perdonada. Puede saber intelectualmente que Dios perdona. Puede recitar de memoria todos los versículos relacionados con el tema del perdón. Pero en lo más profundo de sus entrañas, su alma está prisionera en una cárcel autoconstruida de odio y culpa.

Un ejemplo bíblico de perdón otorgado pero no experimentado es el de los hermanos de José el hijo de Jacob. Desde aquel día aciago en la llanura de Dotán en que le hicieron violencia y lo vendieron como esclavo, vivieron con una carga insoportable de culpa y remordimiento. Su culpa se tornó en pánico cuando supieron que José estaba vivo y que era un funcionario poderoso en Egipto. Diecisiete años vivieron temerosos, seguros de que a la muerte de Jacob, José tomaría venganza de ellos. El amor, la generosidad y la hospitalidad que él les había demostrado desde el primer día no eran suficientes para aliviar sus conciencias culpables.

Finalmente no pudieron más y decidieron enfrentar su suerte.

> *Viendo los hermanos de José que su padre era muerto, dijeron: Quizá nos aborrecerá José, y nos dará el pago de todo el mal que le hicimos. Y enviaron a decir a José: Tu padre mandó antes de su muerte, diciendo: Así diréis a José: Te ruego que perdones ahora la maldad de tus hermanos y su pecado, porque mal te trataron; por tanto, ahora te rogamos que perdones la maldad de los siervos del Dios de tu padre. Y José lloró mientras hablaban. Vinieron también sus hermanos y se postraron delante de él, y dijeron: Henos aquí por siervos tuyos. Y les respondió José: No temáis; ¿acaso estoy yo en lugar de Dios? Vosotros pensasteis mal contra mí, mas Dios lo encaminó a bien, para hacer lo que vemos hoy, para mantener en vida a mucho pueblo. Ahora, pues, no tengáis miedo; yo os sustentaré a vosotros y a vuestros hijos. Así los consoló, y les habló al corazón.*
> Génesis 50:15-21

Vivieron diecisiete años de tortura por un pecado que ya había sido perdonado. De igual modo sucede con la persona que no sabe o no puede vivir el perdón que ya Dios proveyó para sus pecados. Sufre de una sequedad espiritual que le impide perdonar a quienes le ofenden. Se condena a sí mismo por una deuda que ya fue pagada en su totalidad.

Perdón y discipulado

En su camino final hacia Jerusalén y la cruz, Jesús les advirtió a los discípulos que negarse a perdonar era un riesgo de tropiezo.

> *Mirad por vosotros mismos. Si tu hermano pecare contra ti, repréndele; y si se arrepintiere, perdónale. Y si siete veces al día pecare contra ti, y siete veces al día volviere a ti, diciendo: Me arrepiento; perdónale.*
> Lucas 17:3, 4

Los discípulos pensaron que el Maestro exageraba y que lo que les pedía era imposible. Creyéndose que decían gran cosa se quejaron: "Señor, auméntanos la fe" (v. 5). En otras palabras, la fe que tenemos ahora no es suficiente para hacer lo que nos pides. Si quieres que te obedezcamos, necesitas añadir a nuestra fe.

Jesús respondió a esta supuesta profundidad teológica narrándoles un cuento: "Supongamos que uno de ustedes tiene un esclavo que se pasa todo el día en el campo arando o cuidando el ganado. Por la tarde regresa cansado y oloroso a vacas o a tierra. ¿Usted le diría al esclavo que se siente a descansar mientras usted le sirve? Pienso que no. Al contrario, le diría: Prepárame la comida. Después te bañas y te cambias de ropa, porque no vas a venir a la mesa con esa fachada. Me sirves y te quedas ahí hasta que yo termine por si se me ocurre otra cosa. Cuando yo no quiera más, entonces comes tú y descansas.

¿Saben por qué el esclavo hace todo esto sin protestar? La respuesta es fácil. No tiene que ver con si está cansado o si tiene fe. Lo hace porque sabe quién es el amo y quién es el esclavo.

Para ustedes hacer lo que yo les digo, no necesitan más fe. Sólo necesitan saber quién es el esclavo y quién es el Señor."

> *Así también vosotros, cuando hayáis hecho todo lo que os ha sido ordenado, decid: Siervos inútiles somos, pues lo que debíamos hacer, hicimos.*
> Lucas 17:10

En otras palabras, el perdón como práctica de la vida cristiana no depende de si uno quiere o no perdonar, si la otra persona merece o no nuestro perdón, o si la falta fue demasiado grave para olvidarla. En primer lugar, depende de nuestro reconocimiento del señorío de Cristo. Él es el Señor y nos ordena que perdonemos. Tiene que dárnoslo como orden y no como sugerencia por la gravedad que conlleva no perdonar. El cuento fue hecho en el contexto de los peligros de tropezar o hacer tropezar al hermano.

En segundo lugar, depende de nuestra gratitud a Dios por habernos perdonado cuando no merecíamos su perdón —perdón que, dicho sea de paso, todavía no merecemos. Somos perdonados de pura gracia.

Tercero, depende de lo que pensamos de nosotros mismos. Perdonamos por quienes somos: gente redimida, con una relación de intimidad y deseos intensos de agradar al Dios perdonador.

Perdón costoso

El perdón es costoso y conlleva un doble riesgo. Por un lado, tengo la obligación de pedir perdón, pero no puedo obligar a la otra persona a perdonarme. Esa es decisión solamente suya. Por el otro, tengo la obligación de perdonar, pero no puedo obligar a nadie a aceptar mi perdón. Pablo dice: "Si es posible, en cuanto dependa de vosotros, estad en paz con todos los hombres" (Romanos 12:18). Perdonar y pedir perdón depende de mí. La respuesta de la otra persona está fuera de mi control.

El pastor Jerry Cook dice, citando a Catherine Marshall, que perdonar es libertar a otra persona de mi juicio personal. Quitar mi juicio personal de la otra persona no quiere decir que estoy de acuerdo con lo que dijo o hizo. Simplemente, quiere decir que no voy a actuar como su juez. No voy a pronunciar un veredicto de culpabilidad sobre él o ella.

Mantener a alguien bajo mi juicio personal es jugar a ser Dios con esa persona. La Palabra dice: "Mía es la venganza, yo pagaré, dice el Señor" (Romanos 12:19). Si perdonamos, somos perdonados; si juzgamos, seremos juzgados (Lucas 6:37). Un día voy a necesitar que tú me perdones, y me conviene saber que no me vas a condenar cuando mis flaquezas e imperfecciones empiecen a surgir. Necesito saber que no vas a ser mi juez ni vas a demandar al Juez que me condene.

Hay un solo Juez y un Señor y se llama Jesucristo. Si le pido a Jesucristo que castigue a quien me ofendió, estoy interfiriendo con las funciones del Juez. Eso a mí no me corresponde.

Cuando perdonamos o pedimos perdón experimentamos libertad. El odio, resentimiento, deseo de venganza, y otros sentimientos similares, forman una prisión horrible para quienes los sostienen. Lo peor es que le hacen más daño a la persona que odia que a la odiada. En ese sentido son instrumentos de autodestrucción. En cambio, perdonar liberta.

El perdón como sanidad

El pastor y consejero Ismael López Borrero describe el perdón como un elemento esencial para lograr sanidad integral. En la página 17 de su libro *Consejería del perdón*, dice:

> *Se define el perdón como un proceso interior y un fenómeno motivacional que transforma el estado emocional de una persona herida, mediante una decisión intelectual, moral y voluntaria que le guía a la sanidad de senti-*

> *mientos profundos tales como el resentimiento, la ira, la culpa y la venganza, expresando finalmente un perdón incondicional hacia el ofensor.*

Añade López Borrero que el perdón es una necesidad práctica. Necesitamos perdonar a quienes nos han dañado porque solamente así podemos desprendernos del dolor que nos embarga y seguir adelante con nuestra vida. ¡No en balde Jesús lo elevó al nivel de mandamiento, independientemente de la calidad o cantidad de nuestra fe! Es una necesidad humana y una decisión tanto de los sentimientos como del intelecto y la voluntad.

Concluye López Borrero en las páginas 104-105:

> *El perdón produce paz interior y esta a su vez produce felicidad... Podemos decir sin temor a equivocarnos que el perdón es la llave maestra de la vida.*

El perdón como disciplina

El perdón como disciplina no es fácil debido a la tendencia humana a vengarnos de quien nos hizo mal. Además, como dice Timothy L. Smith en su artículo sobre el perdón en el *Diccionario teológico Beacon*, el impulso moderno, reforzado recientemente por la consejería sicológica, es a evitar el despertamiento de sentimientos de culpabilidad, y a olvidar las faltas graves como asuntos sin consecuencias. "Oh, olvídalo", decimos ligeramente, "no fue nada". Igualmente, negamos las consecuencias de nuestra rebelión contra Dios o las violaciones del principio del amor ético en nuestra relación con otros.

El perdón bíblico requiere enfrentar directamente la culpa y animar a otros a hacerlo, con la confianza que el perdón sanador del Dios eterno, confirmado en el Calvario, garantiza el poder de la gracia salvadora. Una vez estamos conscientes de esto, el perdón dado y recibido se hace parte de nuestra práctica diaria.

Como cualquier otro hábito, este hábito del corazón al principio da trabajo. Después lo hacemos porque sí, porque es lo natural para quienes profesan una relación de intimidad con Dios. Perdonamos y pedimos perdón, no porque queremos ir al cielo, sino porque ya estamos "sentados en lugares celestiales con Cristo", parafraseando al apóstol Pablo (Efesios 2:6).

Resumen

Dios es la fuente de perdón. Su misericordia perdonadora es el prototipo de la práctica cristiana de pedir perdón y perdonar. Jesús enseñó que para vivir una vida perdonada, es necesario perdonar. Quizás por eso fue que elevó el perdón a la categoría de una orden del Señor a sus siervos, que no depende de la calidad o intensidad de la fe, sino de la obediencia al señorío de Cristo. Es interesante que tanto en hebreo como en griego, la palabra para siervo y esclavo es la misma.

El perdón es tanto una actitud como un acto de los sentimientos, el intelecto y la voluntad. Es requisito previo para experimentar sanidad integral. Liberta a quien perdona de una cárcel autoimpuesta de odio, resentimiento o deseo de venganza. Es una práctica costosa, pues uno se arriesga a que la otra persona se niegue a aceptar o dar perdón. No obstante, negarse a perdonar o a recibir perdón cuesta mucho más, en cuanto puede conducir a un tropiezo fatal en la vida cristiana.

ALGO EN QUE PENSAR

Vencemos con el perdón

La experiencia del perdón es única en nuestras vidas. Es un proceso que energiza, vigoriza, fortalece y renueva nuestra vida. Si aprendemos a perdonar satisfacemos la regla de Dios, nos satisfacemos a nosotros mismos, satisfacemos a los que nos rodean y somos los seres más felices del universo. No podemos permitir que una ofensa nos destruya. Recordemos que los ofensores no nos vencen con sus ofensas; nosotros los vencemos con nuestro perdón.

Ismael López Borrero

CAPÍTULO 9
Cuidado pastoral mutuo

En el primer capítulo hablamos del cuidado pastoral mutuo como disciplina espiritual. Definimos cuidado pastoral como la acción de pensar en los demás y demostrar ese pensamiento por medio de acciones concretas. Es mutuo porque otros piensan en mí y me ayudan en mi necesidad.

El cuidado pastoral es posible porque Dios tiene memoria de nosotros y nos cuida. En respuesta de amor a la memoria y el cuidado de Dios por nosotros y nosotras, pensamos en otras personas y actuamos en su favor. Para que sea disciplina espiritual, el cuidado pastoral se convierte en una práctica regular, sin esperar reciprocidad obligatoria de parte de la otra persona ni recompensa divina por nuestras acciones.

Cuidado y asesoramiento

Algunas personas piensan que no pueden dar cuidado pastoral porque no tienen la preparación académica o el rango ministerial para hacerlo. Por eso es conveniente señalar la diferencia entre asesoramiento y cuidado pastoral.

Asesoramiento, también conocido como consejería o consejo pastoral, es una forma especializada de cuidado pastoral. Consiste primordialmente en el esfuerzo por ayudar a las personas a encontrar alternativas para la solución de sus problemas y a tomar sus propias decisiones. Para ello utiliza las herramientas de la psicología y otras disciplinas de la conducta individual o social.

Si uno no posee las destrezas, el adiestramiento, o la experiencia necesaria para involucrarse activamente en el ministerio de asesoramiento pastoral, es preferible referir a la persona en necesidad a alguien que esté capacitado para hacerlo. De lo contrario, se arriesga uno a complicar la situación más de lo que está.

El cuidado pastoral, en cambio, es un ministerio amplio que no requiere destrezas o conocimiento especializado; únicamente amor a Dios e interés en las personas. Pastoral se refiere a representativo de y responsable a una comunidad de fe. No es necesario ser ordenado al ministerio eclesiástico ni ocupar una posición oficial dentro de una congregación religiosa. Al contrario, el cuidado pastoral es tarea de todos y todas, no solamente del pastor o la pastora. El pastor hace cuidado pastoral como parte de la comunidad de fe a la que pertenece y no porque tiene una encomienda exclusiva de su posición ministerial.

Si se necesitara algún don especial del Espíritu para practicar cuidado pastoral, sería el que aparece en 1 Corintios 12:28: "los que ayudan".

> *Y a unos puso Dios en la iglesia, primeramente apóstoles, luego profetas, lo tercero maestros, luego los que hacen milagros, después los que sanan, los que ayudan, los que administran, los que tienen don de lenguas.*

El cuidado en la Biblia

La Biblia abunda en expresiones del cuidado de Dios por toda la creación y en especial por los seres humanos. Dios piensa en nosotros y actúa a nuestro favor.

> *¡Cuán preciosos me son, oh Dios, tus pensamientos!*
> *¡Cuán grande es la suma de ellos!*
> *Si los enumero, se multiplican más que la arena;*
> *Despierto, y aún estoy contigo.*
>
> Salmos 139:17, 18

> *Dijo luego Jehová: Bien he visto la aflicción de mi pueblo que está en Egipto, y he oído su clamor a causa de sus exactores; pues he conocido*

> *sus angustias, y he descendido para librarlos de mano de los egipcios, y sacarlos de aquella tierra a una tierra buena y ancha, a tierra que fluye leche y miel, a los lugares del cananeo, del heteo, del amorreo, del ferezeo, del heveo y del jebuseo.*
>
> Éxodo 3:7, 8

En la primera crisis de la humanidad, cuando el hombre se sintió solo, Dios hizo otro ser como Adán, para que se acompañaran y se cuidaran mutuamente.

> *Y dijo Jehová Dios: No es bueno que el hombre esté solo; le haré ayuda idónea para él. Y puso Adán nombre a toda bestia y ave de los cielos y a todo ganado del campo; mas para Adán no se halló ayuda idónea para él. Entonces Jehová Dios hizo caer sueño profundo sobre Adán, y mientras éste dormía, tomó una de sus costillas, y cerró la carne en su lugar. Y de la costilla que Jehová Dios tomó del hombre, hizo una mujer, y la trajo al hombre. Dijo entonces Adán: Esto es ahora hueso de mis huesos y carne de mi carne; ésta será llamada Varona, porque del varón fue tomada. Por tanto, dejará el hombre a su padre y a su madre, y se unirá a su mujer, y serán una sola carne.*
>
> Génesis 2:18, 20-24

La palabra "idónea", con la cual Dios describe a la mujer, quiere decir "que tiene suficiencia o buena disposición para alguna cosa". La palabra hebrea quiere decir "como una imagen suya" y "como delante de él". Dios hizo a los seres humanos con suficiencia y buena disposición para acompañarse, cuidarse y ayudarse mutuamente.

En la comunidad de Babel, aunque los propósitos eran equivocados, Dios mismo admitió que si la gente se ayudaba mutuamente en un plan común, tenía el potencial para triunfar.

> *Y descendió Jehová para ver la ciudad y la torre que edificaban los hijos de los hombres. Y dijo Jehová: He aquí el pueblo es uno, y todos éstos tienen un solo lenguaje; y han comenzado la obra, y nada les hará desistir ahora de lo que han pensado hacer.*
>
> Génesis 11:5, 6

A través de todo el registro sagrado persiste la exhortación a cuidarse unos a otros, y en especial a las personas necesitadas: las viudas, los huérfanos, los extranjeros y los pobres de la tierra.

En el Nuevo Testamento, Jesús estableció el cuidado pastoral como prioridad para pertenecer a su reino.

> *Entonces el Rey dirá a los de su derecha: Venid, benditos de mi Padre, heredad el reino preparado para vosotros desde la fundación del mundo. Porque tuve hambre, y me disteis de comer; tuve sed, y me disteis de beber; fui forastero, y me recogisteis; estuve desnudo, y me cubristeis; enfermo, y me visitasteis; en la cárcel, y vinisteis a mí... en cuanto lo hicisteis a uno de estos mis hermanos más pequeños, a mí lo hicisteis.*
>
> Mateo 25:34-36, 40

La prueba más grande de discipulado era y es el amor al prójimo, expresado en acciones de bondad y desprendimiento. La ayuda mutua se considera un sacrificio agradable a Dios.

> *Un mandamiento nuevo os doy: Que os améis unos a otros; como yo os he amado, que también os améis unos a otros. En esto conocerán todos que sois mis discípulos, si tuviereis amor los unos con los otros.*
>
> Juan 13:34, 35

> *Amados, si Dios nos ha amado así, debemos también nosotros amarnos unos a otros. Nadie ha visto jamás a Dios. Si nos amamos unos a otros, Dios permanece en nosotros, y su amor se ha perfeccionado en nosotros.*
>
> 1 Juan 4:11, 12

> *Y de hacer bien y de la ayuda mutua no os olvidéis; porque de tales sacrificios se agrada Dios.*
>
> Hebreos 13:16

Las exhortaciones abundan a la mutualidad en el cuerpo de Cristo. Por ejemplo, se nos manda a:

1. amarnos unos a otros (Romanos 12:10; 1 Juan 4:7)
2. lavarnos los pies unos a otros (Juan 13:14)
3. gozarnos y sufrir unos con los otros (Romanos 12:15)
4. soportarnos con paciencia los unos a los otros (Efesios 4:2)
5. ser benignos unos con los otros (Efesios 4:32)
6. someternos unos a otros (Efesios 5:25)
7. perdonarnos unos a otros (Efesios 4:32)
8. servirnos por amor los unos a los otros (Gálatas 5:13)

9. sobrellevar unos las cargas de los otros (Gálatas 6:2)
10. confesarnos las ofensas unos a otros (Santiago 5:16)
11. orar unos por los otros (Santiago 5:16)
12. hospedarnos unos a otros (1 Pedro 4:9)
13. saludarnos unos a otros (2 Corintios 13:12)
14. animarnos y edificarnos unos a otros (1 Tesalonicenses 5:11).

Del lado negativo, se nos insta a:
1. no murmurar los unos de los otros (Santiago 4:11)
2. no agraviarnos ni engañarnos unos a otros (1 Tesalonicenses 4:6)
3. no mentir unos a otros (Efesios 4:25) y cosas semejantes a estas.

El cuidado pastoral mutuo es pues, más que una buena idea. Es la práctica diaria de la vida cristiana, la norma de Dios para su pueblo.

El cuidado como ecología

El profesor James Fowler, especialista en teorías del desarrollo de la fe, describe el cuidado pastoral como consistente de todas las formas en que la comunidad de fe, bajo liderato pastoral, intencionalmente auspicia el despertamiento, formación, rectificación, sanidad y desarrollo continuo en vocación de las personas y la comunidad cristiana. Esto ocurre bajo la presión y el poder invasor de Dios.

Llama la atención la intencionalidad e inclusión con que Fowler percibe la comunidad respondiendo a la presencia poderosa de Dios en su medio. Él ve la comunidad como un sistema ecológico. Es un sistema vivo en el cual todos los elementos participantes, no importa su tamaño, apariencia o complejidad, son imprescindibles e interdependientes. Cuando en un sistema ecológico uno de los participantes deja de cumplir su función por la razón que sea, todo el sistema se afecta, a veces en forma irreversible.

La iglesia es una ecología de cuidado. Todos tenemos la responsabilidad y el privilegio de cuidarnos unos a otros y otras. Es también una ecología de vocación. Tiene que ver con las respuestas que la gente da al llamado de Dios a colaborar con él; con las maneras en que esa respuesta ejerce poder organizador en las prioridades de la persona y la comunidad. También tiene que ver con las inversiones de uno mismo, del tiempo y de los recursos. Dicho en forma sencilla, la vocación primordial de quien cree es procurar el bienestar de otros porque Dios les ama y se preocupa por ellos y ellas.

El corazón de la vida cristiana para el individuo es la vida compartida en comunidad con otros creyentes. Más que una institución estática, la comunidad es un proceso de interacción entre creyentes, quienes procuran ser fieles a Jesucristo según se revela en las Escrituras y en la tradición cristiana.

En un capítulo anterior examinamos algunas metáforas de la iglesia, entre ellas la de comunidad de fe. La formación de comunidad es una metáfora un tanto complicada de la vida cristiana debido a que la comunidad es un símbolo un tanto ambiguo de los sueños y la desesperación de los seres humanos. No obstante, es una de las analogías más útiles para enmarcar lo que ocurre en las historias de la congregación local y en otros niveles de la comunidad.

La comunión de la iglesia como cuerpo de Cristo —otra de las metáforas discutidas en el capítulo anterior— nos mueve a la unidad, la paz, el sentido de pertenencia y trascendencia, la verdad, la justicia, el cuidado pastoral mutuo. Cada vez que practicamos estos valores, estamos "haciendo comunidad" mientras encarnamos la vida de Cristo en el mundo.

El cuidado pastoral como disciplina

El concepto de comunidad cristiana como un sistema ecológico de cuidado y vocación implica que el recuerdo y cuidado de los demás son cualidades intrínsecas de lo que significa pertenecer a la familia de Dios. Es una contradicción ser creyente independiente, aislado de la comunidad, sin pensar en formas de ayudar a otros. Una llamada telefónica, una visita a un enfermo, un plato de comida a un hambriento, una sonrisa de afirmación y estímulo, un recordatorio de un viaje, un abrazo de consuelo; todas estas cosas son expresiones de cuidado pastoral cuando se hacen en nombre de Dios y en gratitud por su amor y cuidado.

La diferencia entre dar un plato de comida a una persona deambulante como parte de la responsabilidad social de una institución y dar un plato de comida en respuesta de gratitud al amor de Dios por nosotros es la diferencia entre el cuidado como una actitud natural de los seres humanos y el cuidado pastoral como disciplina espiritual.

Resumen

Cuidado pastoral es todo lo que hacemos unos por otros en respuesta a la memoria y el cuidado de Dios por su pueblo. Todos y todas podemos y debemos dar cuidado pastoral. Del mismo modo, todos y todas necesitamos recibir cuidado. Las personas que dicen: "Yo no necesito de nadie", están contradiciendo la idea de Dios mismo, quien consideró la soledad como lo primero que no estaba bien en su creación. Y esto lo dijo antes de que hubiera pecado en el mundo. El aislamiento como un mal que aqueja a la humanidad antecede al pecado como acción destructiva.

El pastor o pastora de la iglesia necesita saber que cuenta para alguien como persona, no como una función. Hacérselo saber es darle cuidado pastoral. Los niños necesitan cuidado pastoral y también lo pueden dar. Hay muchas formas de demostrarles amor, consideración y cuidado a los niños y niñas de la congregación y la comunidad general.

La comunidad cristiana se describe como una ecología de cuidado y vocación para afirmar el carácter indispensable e interdependiente de cada participante para que el cuidado pastoral sea abarcador y efectivo.

Preocuparse por los demás es una tendencia natural, inherente en los seres humanos. Quien no se preocupa por nadie se deshumaniza un poco. Cuando esa preocupación natural y la acción correspondiente se hacen en nombre de y en respuesta al amor de Dios, el cuidado natural se transforma en cuidado pastoral.

ALGO EN QUE PENSAR

Frijoles para Jesús

En México se les llama frijoles; en Puerto Rico habichuelas; en Argentina porotos y en España judías. El nombre es diferente, pero el concepto es el mismo: es el grano sabroso que diariamente satisface la necesidad alimenticia de millones en toda América Latina y en otras partes del mundo. De hecho, en mi país los hombres hablan de "ganarse las habichuelas", o de "las habichuelas de mis hijos", refiriéndose a los alimentos en general. En otras palabras, las habichuelas, o porotos, o frijoles, o judías son como "el pan nuestro de cada día".

Como mujer amante de la cocina, mi mayor placer es invitar a las amistades a comer en mi casa, sin importar su posición o condición social. Me gusta esmerarme por servirles lo mejor de la comida puertorriqueña y ver con el gusto que se la comen. Una de las cosas que más me satisfacen es observar la cara de felicidad que ponen mi esposo y mis hijos cuando trato bien a los invitados que traen a la casa. Para mí eso es tan importante como predicar un sermón.

¿Sabías que Juana la mujer de Chuza, Susana, Salomé la esposa de Zebedeo, y María Magdalena servían a Jesús de sus propios bienes? Lee en Lucas 8.2, 3 y lo verás. Ellas le preparaban sus frijoles —si es que en ese tiempo se comían frijoles— y cuidaban de su ropa y demás necesidades. No solamente eso, sino que lo hacían con su dinero. Jesús no les pagaba. Tampoco les daba para que compraran los granos.

Las mujeres servían a Jesús por amor, por agradecimiento, por haberlas librado de demonios y enfermedades. Tú me dirás: "Pero hermana Meri, ahora no está Jesús entre nosotros. Si estuviera, yo también le serviría con gusto, y hasta lo invitaría a cenar en mi casa".

¿Quién no tendría frijoles para Jesús si fuera posible invitarlo a comer? Permíteme que te cuente lo que me sucedió a mí.

Cuando mi esposo era director del instituto bíblico no teníamos quien cocinara para los estudiantes. En mi afán por ayudar, pensé que podía hacerlo mientras se conseguía una cocinera. Dejé a un lado otras responsabilidades y me dediqué de lleno a la agotadora tarea de preparar las comidas para la numerosa familia del instituto.

Pasaron los meses y nadie me sustituía. La carga era extremadamente pesada, pero no me quejaba. Ver a Alejandro, Julio, Jairo, Esteban, Adán, Papo, Fernando, Sonio, Áurea, Edith —para mencionar sólo algunos estudiantes además de los maestros— comer con tanto gozo era para mí suficiente pago. Por ellos soportaba el peso sin protestar.

Un día, mientras adoraba con los estudiantes en el servicio de capilla, me sentí llena de la presencia del Señor. Era tanto el gozo que experimentaba que mi vida se inundó de agradecimiento a Dios por lo bueno que había sido conmigo. En mi adoración a Jesús le decía: "Señor, una de las cosas que me gusta hacer por las personas que amo es invitarles a comer. En este momento me gustaría que fueras una persona presente físicamente aquí, para invitarte a mi casa. Te serviría un gran banquete y me esforzaría por que te sintieras contento en mi hogar."

¿Sabes lo que me contestó? Me dijo: "Abre los ojos y mira a tu alrededor". Me mostró los rostros de todos aquellos estudiantes mientras me susurraba: "Por cuanto lo hiciste a uno de estos mis hermanos más pequeños, a mí lo hiciste".

En aquel momento mi carga ya no fue carga. ¡Cómo me esforcé para que la comida quedara aún más sabrosa! No era menester preparar frijoles para Jesús y esperar que él viniera a comerlos. Si los preparaba para sus hermanos y hermanas, él me lo agradecía igual.

En otra ocasión, estaba en la cocina en un día caluroso rodeada de aquellas ollas descomunales del instituto. Mi rostro bañado en sudor, mis brazos cansados de tanto mover los alimentos. Contemplando aquel cuadro poco atractivo me quejé amargamente: "Señor, tú me has dado muchos talentos. Sé cantar, sé predicar, puedo enseñar. Puedo pintar cuadros. Soy la esposa del director y podría estar en una oficina con aire acondicionado encargándome de las relaciones públicas. ¿Por qué en lo único que me ocupan es de cocinera, como si fuera todo lo que yo supiera hacer?"

La respuesta del Señor fue muy sencilla: "Porque en estos momentos lo que yo necesito es una cocinera".

Mi respuesta fue: He aquí la sierva del Señor; hágase conmigo conforme a tu palabra.

Tenemos muchos pequeños a nuestro alrededor a quienes podemos servir. También tenemos muchas maneras diferentes en que podemos servir. Algunas veces el Señor está tan cerca de nosotros pidiéndonos un vaso de agua que no lo vemos. Esperamos ver la cara del Jesús satisfecho, pacífico, bañadito, bien vestido y mejor alimentado que pintan los artistas, y no vemos al Jesús real, hambriento, sediento, desnudo y descalzo que se nos presenta todos los días a través de sus hermanos más pequeños.

Busca a este Jesús de las realidades y procura servirle como aquellas mujeres de antaño. No te excuses diciendo que la parte de María es la mejor. Si Marta no se mete en la cocina, el Señor se hubiera quedado sin comer. Este es el corazón de la vida cristiana compartida: ver a Jesús en todas las oportunidades de servicio. Y no esperes que él tenga una plaza vacante de cantante o evangelista cuando todo lo que necesita urgentemente es una cocinera. O alguien que haga una visita al hospital.

Meri Rivera

Capítulo 10
La gratitud como disciplina

La gratitud es una de las actitudes que más facilitan a la vez que enriquecen la vida en general y la vida cristiana en particular. Es el sentimiento que nos inquieta y nos mueve a agradecer y corresponder un favor recibido. Es un estilo opcional de vida: podemos vivir quejándonos de lo que no tenemos o agradeciendo lo que sí tenemos.

Cuando por primera vez un cardiólogo me dijo en términos laicos la gravedad de mi condición de salud, me asustó. El galeno me mostró un electrocardiograma que acababa de hacerme, señalando unas "banderitas invertidas", o movimientos bruscos hacia abajo en la línea de la gráfica. Me dijo: "Estas banderitas indican que su ritmo cardiaco es irregular. Su corazón late, late, y se detiene; late, late y se detiene. En uno de esos momentos en que se detiene, se le va a olvidar volver a latir. En otras palabras, cualquier respiración suya puede ser la última".

Al principio esto me causó mucha ansiedad y depresión. Por unas horas estuve esperando "la última respiración", hasta que me di cuenta que tenía otra opción. Podía celebrar todas las respiraciones que no fueran la última. De hecho, pensé, lo que el cardiólogo me dijo es cierto de todo ser viviente. Cualquier respiración puede ser la última. La diferencia conmigo era que yo lo sabía. Eso me daba ventaja y oportunidad para celebrar y agradecer todas las penúltimas.

La fragilidad e incertidumbre de mi vida, debido a la condición cardiaca que padezco, no me han amargado. Al contrario, me han producido más gratitud, ya que cada respiración es un regalo que disfruto inmensamente. Como dice el anuncio de la Asociación Pulmonar, cuando uno no puede respirar, nada más importa. Por consiguiente, cuando uno puede respirar, lo demás es añadidura. Esa actitud resulta en una vida de acción de gracias por todo, lo que facilita hacerles frente aun a las circunstancias más difíciles.

La gratitud en el contexto bíblico

El profesor Harvey H. Guthrie, de la Escuela Episcopal de Divinidad, en Massachussets, EE.UU., dice que la acción de gracias era la norma original de la comprensión que tenía Israel de la naturaleza de su relación con Dios. La vida cúltica de Israel se centraba en gratitud a Dios por sus hechos salvíficos extraordinarios a favor de su pueblo. En otras palabras, Israel encontraba sentido a su relación con Dios en términos de alabanza y gratitud.

Muchos de los sacrificios prescritos en la ley mosaica eran ofrendas de acción de gracias. En el capítulo 26 del libro de Deuteronomio hay una ceremonia elaborada de acción de gracias para usarse al traer los diezmos y primicias al santuario. En ella el oferente declaraba que Dios había cumplido sus promesas, y él traía sus primicias y diezmos en gratitud. Dios a su vez reafirmaba las promesas.

> *Has declarado solemnemente hoy que Jehová es tu Dios, y que andarás en sus caminos, y guardarás sus estatutos, sus mandamientos y sus decretos, y que escucharás su voz. Y Jehová ha declarado hoy que tú eres pueblo suyo, de su exclusiva posesión, como te lo ha prometido, para que guardes todos sus mandamientos; a fin de exaltarte sobre todas las naciones que hizo, para loor y fama y gloria, y para que seas un pueblo santo a Jehová tu Dios, como él ha dicho.*
>
> Deuteronomio 26:17-19

En los tiempos del exilio, cuando aparentemente no había mucho por lo cual dar gracias, el tema de la sabiduría sustituyó la acción de gracias como norma de comprensión teológica, opina Guthrie. La experiencia de la comunidad cristiana en el Nuevo Testamento de nuevo coloca la acción de gracias como punto básico de comprensión de la relación con Dios.

Hay dos palabras hebreas, *yadhah* y *todah*, que son los principales términos utilizados para expresar acción de gracias. *Yadhah* se traduce tanto acción de gracias como alabanza, ya que muchas veces las dos ideas coinciden. Como dice el *Diccionario teológico Beacon* en la página 38, la alabanza es la adoración y devoción que le ofrecemos a Dios por quien Dios es y por lo que hace por nosotros, mientras que la acción de gracias es la expresión de gratitud a Dios por su misericordia. "La alabanza es magnificar la Persona de Dios; la acción de gracias es gratitud por sus dones".

En griego es significativo que el término *eucaristía*, que usamos para designar el servicio de Santa Cena o Comunión con el Señor, quiere decir "acción de gracias como acto de adoración". La iglesia primitiva celebraba "el partimiento del pan" en cada servicio como respuesta de dedicación, gratitud y expectación a la salvación provista mediante el sacrificio de Cristo. Era en esencia un memorial de gratitud por lo que Cristo hizo en el Calvario, por lo que estaba haciendo entonces a favor de la iglesia, y por lo que haría en su venida. Del mismo modo, la Pascua judía, que le servía de trasfondo a la Cena del Señor, era memorial de la liberación de Israel por parte de Dios de la esclavitud en Egipto, su provisión en el desierto, y su promesa de bendiciones futuras en la tierra que fluía leche y miel.

La Biblia abunda en salmos de acción de gracias como parte de la liturgia del pueblo de Dios. Algunos ejemplos se encuentran en Salmos 22, 30, 34, 40, 116; 1 Samuel 2:1-10; Isaías 38:9-20; Jonás 2:2-10; Lucas 1:46-55. También hay oraciones de gratitud en general por la bondad de Dios y por escuchar la oración: Juan 11:41; Hechos 28:15; Apocalipsis 11:17, así como por los alimentos en particular: Marcos 8:6; Mateo 15:36; Juan 6:11, 23; Hechos 27:35. La costumbre judía era dar gracias por cada alimento en particular y no una oración inclusiva por la comida en general. Por eso en el cenáculo Jesús da gracias por el pan y por el vino por separado.

Las cartas del apóstol Pablo generalmente abren con acciones de gracias y a menudo el tema central es gratitud: Romanos 1:8; 1 Corintios 1:4-8; 2 Corintios 1:3-4; Efesios 1:3, y así sucesivamente.

Pablo no sólo daba gracias a Dios cuando todo marchaba bien. A los tesalonicenses les recomienda que den gracias en todo (1 Tesalonicenses 5:18). Cuando se encuentra preso en Filipos en compañía de Silas, frustrado, hambriento, adolorido y con frío, escoge alabar a Dios aunque ya es medianoche (Hechos 16:23-34). Si alguien tenía razones para protestar y dudar de la bondad de Dios en esos momentos era Pablo. Pero prefirió practicar lo que predicaba, y los resultados fueron asombrosos. Quizás la congregación de Filipos, a la que posteriormente Pablo le escribe una carta tan hermosa, fue fruto indirecto de una acción de gracias en circunstancias adversas.

La gratitud como disciplina

La gratitud como un hábito de la vida cristiana es una actitud aprendida. El apóstol Pablo dice que él aprendió a contentarse y estar agradecido independientemente de las circunstancias.

> En gran manera me gocé en el Señor de que ya al fin habéis revivido vuestro cuidado de mí; de lo cual también estabais solícitos, pero os faltaba la oportunidad. No lo digo porque tenga escasez, pues he aprendido a contentarme, cualquiera que sea mi situación. Sé vivir humildemente, y sé tener abundancia; en todo y por todo estoy enseñado, así para estar saciado como para tener hambre, así para tener abundancia como para padecer necesidad. Todo lo puedo en Cristo que me fortalece.
>
> Filipenses 4:10-13

Contentamiento es el uso fiel, agradecido y fructífero de lo que tenemos. La primera epístola a Timoteo 6:6-8 dice que esta actitud es "gran ganancia". Hebreos 13:5-6 la presenta como un deber cristiano.

En la cita de Filipenses que aparece arriba, Pablo dice que aprendió a usar con gratitud y provecho lo que tiene a mano, sea abundancia o escasez. El énfasis está en "he aprendido", y "estoy enseñado". Esto nos señala dos cosas: 1) que la gratitud se aprende, y 2) que depende de la voluntad de la persona y no de la situación. Un ejemplo claro es el caso del profeta Daniel, quien oraba y daba gracias a Dios aun cuando sabía que su expresión de gratitud podía costarle la vida.

> Cuando Daniel supo que el edicto había sido firmado, entró en su casa, y abiertas las ventanas de su cámara que daban hacia Jerusalén, se arrodillaba tres veces al día, y oraba y daba gracias delante de su Dios, como lo solía hacer antes.
>
> Daniel 6:10

El texto sugiere que Daniel oró y dio gracias, no con el propósito de desafiar la orden del rey que lo prohibía, sino porque era su costumbre. El peligro al que se exponía no lo amilanaba para cultivar una vida de gratitud a su Dios.

La gratitud es algo más que una buena idea; es la expectativa divina por sus acciones de misericordia a nuestro favor. En una ocasión en que Jesús sanó a diez hombres leprosos, expresó decepción porque uno solo se mostró agradecido. El resultado fue la salvación de quien expresó gratitud.

> *Yendo Jesús a Jerusalén, pasaba entre Samaria y Galilea. Y al entrar en una aldea, le salieron al encuentro diez hombres leprosos, los cuales se pararon de lejos y alzaron la voz, diciendo: ¡Jesús, Maestro, ten misericordia de nosotros! Cuando él los vio, les dijo: Id, mostraos a los sacerdotes. Y aconteció que mientras iban, fueron limpiados. Entonces uno de ellos, viendo que había sido sanado, volvió, glorificando a Dios a gran voz, y se postró rostro en tierra a sus pies, dándole gracias; y éste era samaritano. Respondiendo Jesús, dijo: ¿No son diez los que fueron limpiados? Y los nueve, ¿dónde están? ¿No hubo quien volviese y diese gloria a Dios sino este extranjero? Y le dijo: Levántate, vete; tu fe te ha salvado.*
>
> Lucas 17:11-19

Jesús mandó a los leprosos a que actuaran como quienes ya estaban sanos (ver Levítico 14:2). Ellos tuvieron suficiente fe como para obedecerle. Pero la mayoría de ellos no había aprendido la disciplina de la gratitud que podía salvarles.

De hecho, el apóstol Pablo presenta la gratitud como antídoto contra el pecado.

> *Sed, pues, imitadores de Dios como hijos amados. Y andad en amor, como también Cristo nos amó, y se entregó a sí mismo por nosotros, ofrenda y sacrificio a Dios en olor fragante. Pero fornicación y toda inmundicia, o avaricia, ni aun se nombre entre vosotros, como conviene a santos; ni palabras deshonestas, ni necedades, ni truhanerías, que no convienen, sino antes bien acciones de gracias.*
>
> Efesios 5:1-4

Es más difícil ofender a alguien con quien tenemos una deuda de gratitud que a quien no nos importa lo que piensa de nosotros o lo que pensamos de él o ella. Por eso, una persona agradecida de Dios se esfuerza por agradarle en todo. Combate la inmoralidad con acciones de gracia.

Podemos concluir, entonces, que quienes creen no pueden darse el lujo de ser mal agradecidos.

La gratitud como estilo de vida va dirigida no solamente a Dios, sino también a las personas que nos rodean. A nadie le gusta lidiar con gente mal agradecida, ni siquiera a los mal agradecidos.

La ingratitud es una expresión de soberbia. Es pensar que lo que hemos recibido de Dios y de las demás personas es porque lo merecemos. Esto es peligroso, ya que tres veces en la Biblia dice que Dios resiste a los soberbios (Proverbios 3:34; Santiago 4:6; 1 Pedro 5:5). Además, quien es soberbio pierde el gozo que es fruto de un corazón agradecido y se enajena la buena voluntad del prójimo.

Como todos los demás hábitos, la gratitud requiere práctica continua hasta que llega a ser parte de la naturaleza misma de uno. Una vez se logra, la vida se hace más fácil y hermosa, y podemos decir con Santa Teresa: "Nada te turbe, nada te espante".

Resumen

La gratitud es un sentimiento que nos impulsa a agradecer y corresponder los favores recibidos. Es una decisión de la voluntad, la cual se aprende y se perfecciona con la práctica.

En el contexto bíblico, la gratitud era la norma para entender y responder a la relación con Dios por sus hechos de salvación, protección y provisión a favor de su pueblo. La iglesia cristiana primitiva celebraba la Cena del Señor como respuesta de dedicación, gratitud y expectación a la salvación provista mediante el sacrificio de Cristo en el Calvario.

La gratitud como disciplina es un hábito que fortalece la fe y ayuda a combatir el pecado. Es la expectativa de Dios por sus actos de misericordia a nuestro favor. La falta de gratitud es soberbia, pues asume equivocadamente que los favores que recibimos de Dios son por merecimiento nuestro y no por su gracia maravillosa. También enajena a las demás personas, ya que a nadie le gusta relacionarse con los mal agradecidos.

ALGO EN QUE PENSAR

Gracias a Dios por los piojos

La escritora Corrie ten Boon narra en su libro *El escondite secreto* los sufrimientos que ella y su familia soportaron como prisioneros en los campos de concentración nazis durante la Segunda Guerra Mundial. Fueron apresados por ayudar y esconder a los judíos de la persecución y el exterminio desatado por Adolfo Hitler. Los padres y la hermana de Corrie murieron en prisión.

En una ocasión los trasladaron a un campamento donde el trato era extremadamente cruel y riguroso. A ella y a su hermana las ubicaron en una caseta infestada de piojos en compañía de otras prisioneras, algunas de las cuales estaban demacradas, y aun al borde de la muerte.

Confiesa Corrie que las condiciones eran tan infrahumanas, que ya su fe estaba a punto de fallar. Su hermana, en cambio, se mantenía tan firme como siempre. "Hay que dar gracias por todo", le animaba.

En un momento dado, Corrie no pudo más y le gritó a la hermana: "¿Dar gracias por todo? ¿Tú quieres que yo dé gracias por los piojos?

Con mucha paciencia y comprensión, la otra respondió: "Hay muchas cosas que yo no entiendo, pero la Biblia dice que demos gracias por todo. Supongo que eso incluye a los piojos".

"¡Pues yo no doy gracias por los piojos!", contestó ella con ira.

Un dato sorprendente era que a pesar del rigor del campamento, las reclusas en esa caseta tenían libertad para adorar a Dios. Incluso se les permitía leer y estudiar la Biblia, una práctica estrictamente prohibida en otros casos. También podían ministrarse unas a otras sin impedimento.

En una ocasión, una de las reclusas estaba a punto de morir. A Corrie le tocó la tarea de salir e informarle a la guardiana de turno que necesitaban ayuda de emergencia en la caseta. "¿En cuál de las casetas está la enferma?", preguntó la oficial. Cuando ella le dijo, la otra le respondió: "Pues no te molestes en buscar ayuda, que no la vas a encontrar. Ningún guardia, hombre ni mujer, entra en esa caseta no importa lo que suceda. Ahí hay piojos y nosotros no nos vamos a arriesgar. Hagan ustedes mismas lo que puedan".

Entonces Corrie entendió por qué podían adorar a Dios libremente en la caseta y ministrarse unas a otras. Lentamente regresó al lugar, musitando entre dientes: "¡Gracias, Señor, por los piojos!"

Personalmente, confieso que me da trabajo dar gracias a Dios por los piojos, las cucarachas, los mosquitos, y por otras criaturas de nuestro Señor. Pero por experiencia sé que Dios usa las cosas y las circunstancias más increíbles para bendecirme. Así pues, a riesgo de incluir a los piojos, termino esta breve incursión en el mundo de las disciplinas espirituales con la oración paulina: ¡Gracias, Señor, por todo!

Referencias

Abbot, W. (editor general). *The Documents of Vatican II*. Baltimore: The America Press, 1966.

Cassese, G. *Comunión y comunidad: Introducción a la espiritualidad*. Nashville: Abingdon, 2004.

Cook, J. *Love, Acceptance & Forgiveness*. Ventura, CA: Regal Books, 1979.

Cunningham, A. & J. Weborg. *Prayer and Life in the Spirit*. Chicago: North Park Theological Seminary, 1993.

Fowler, J. *Faith Development and Pastoral Care*. Philadelphia: Fortress Press, 1987.

Gandini, A. *La iglesia como comunidad sanadora*. El Paso: Casa Bautista de Publicaciones, 1989.

González, J. L. *Historia del cristianismo, Tomo I*. Miami: Unilit, 1994.

_____*Santa Biblia: The Bible Through Hispanic Eyes*. Nashville: Abingdon, 1996.

Gray, C. Intercesión. *Diccionario teológico Beacon*. Kansas City: Casa Nazarena de Publicaciones, 1995, p. 369.

Guthrie, H. *Theology as Thanksgiving*. New York: Seabury, 1981.

Koteskey, R. "Meditación". *Diccionario teológico Beacon*. Kansas City: Casa Nazarena de Publicaciones, 1995, p. 424.

Kushner, H. *To Life: A Celebration of Jewish Being and Thinking*. Boston: Little, Brown and Company, 1993.

Lewis, T. "Fast, fasting." *International Standard Bible Encyclopaedia*. Grand Rapids: Eerdmans, 1978, p. 1099.

López, I. *Consejería del perdón*. San Juan: Alim Prin, 2002.

Mulholland, M. R. *Shaped by the Word*. Nashville: The Upper Room, 1985.

Rinker, R. *Communicating Love Through Prayer.* Grand Rapids: Zondervan, 1966.

Rivera, R. *No me dejes solo.* Río Piedras: Palabra y Más, 2005.

Schneiders, S. (2002, abril). Biblical Spirituality. *Interpretation, 56,* 2 (Abril, 2002) pp. 133-142.

Smith, J. "The Jogging Monk and the Exegesis of the Heart." *Christianity Today,* (Julio 22, 1991).

Smith, T. "Perdón." *Diccionario teológico Beacon.* Kansas City: Casa Nazarena de Publicaciones. 1995, pp. 514-516.

Stanley, D. *A Modern Scriptural Approach to the Spiritual Exercises.* St. Louis: The Institute of Jesuit Sources, 1971.

Taylor, R. "Disciplina." *Diccionario teológico Beacon.* Kansas City: Casa Nazarena de Publicaciones, 1995, pp. 216-217.

Vine, W. *Expository Dictionary of Old and New Testament Words.* Old Tappan, N.J.: Fleming H. Revell, 1995, p. 97.

Williams, R. "In God's Company." *The Christian Century, 124,* 12 (Junio 12, 2007), pp. 23-27.

Guía para el estudio

Capítulo 1: Práctica de las disciplinas espirituales

Objetivo: Definir y explicar el concepto de disciplinas espirituales.
Preguntas para discusión y reflexión
1. Mencione algunos elementos que influyen en nuestra manera de percibir, interpretar y responder a la presencia y acción de Dios.
2. ¿Cómo podemos evitar que nuestra percepción de Dios sea distorsionada por dichos elementos?
3. Defina en sus propias palabras el concepto de disciplinas espirituales.
4. ¿Qué dificultad presenta el concepto de disciplina en el contexto religioso?
5. Mencione y explique tres coordenadas que dan marco de referencia a la espiritualidad.
6. ¿Qué quiere decir que nuestra respuesta a la presencia y acción de Dios es personal pero no individualista?
7. ¿Qué se entiende por formación cristiana? ¿Qué significa que la formación cristiana es un camino y no un destino?
8. ¿En qué sentido deja de ser funcional una disciplina espiritual? ¿Está de acuerdo con este principio? Explique.
9. ¿Qué diferencia hay entre sabiduría según la define el mundo en general y según se percibe en la tradición bíblica?
10. Lea en voz alta el poema que aparece al final del capítulo. ¿Cuál es el dilema de la poetisa? ¿Cómo lo resuelve? ¿Qué relación, si alguna, ve entre el poema y el tema de las disciplinas espirituales?

Capítulo 2: La oración como disciplina espiritual

Objetivo: Analizar el enfoque y contenido de la práctica de la oración cristiana.
Preguntas para discusión y reflexión
1. ¿Qué quiere decir el autor al afirmar que la oración como disciplina es una carta de amor?
2. Comente sobre la diferencia entre la oración de los cristianos y la de los judíos. ¿Está de acuerdo con la opinión expresada aquí? ¿Por qué?
3. ¿Cómo fue la primera experiencia del autor con la oración? ¿Alguna vez ha tenido una experiencia comparable con esta en su práctica de la vida cristiana?
4. Mencione algunos enfoques contemporáneos de la oración y explique brevemente lo que conlleva cada uno.
5. Analice el enfoque y contenido de sus propias oraciones. ¿En cuál de las categorías presentadas en este capítulo clasificaría la mayoría de ellas?
6. Compare las oraciones escritas con las espontáneas. ¿Cuáles cree que son más efectivas? ¿Por qué?
7. Explique lo que es *minyan* y qué valor tiene en la práctica de la oración.
8. Comente sobre la siguiente frase: La oración es esencialmente reverencia, no petición.
9. Comente sobre el concepto judío de oración contestada. ¿Está de acuerdo? ¿Por qué?
10. Lea de nuevo la manera en que el autor parafrasea la oración de Jesús en Getsemaní. ¿Qué opina de ella? ¿Por qué?

Capítulo 3: El ayuno

Objetivo: Examinar el propósito y efecto del ayuno desde la perspectiva de las disciplinas espirituales.
Preguntas para discusión y reflexión
1. Mencione algunos ejemplos en que el ayuno responde a causas naturales.
2. ¿Cuáles fueron algunos motivos bíblicos para ayunar?
3. ¿Cuál de los ayunos mencionados en la Biblia era obligatorio? ¿A qué se debería esta exigencia?

4. Comente sobre la práctica actual de los judíos en el Día de la Expiación (*Yom Kippur*). Según ellos, ¿cuál es el propósito principal del ayuno y la abstinencia?
5. ¿Cuánto tiempo duraba el ayuno bíblico?
6. ¿Cuál es el propósito del ayuno como disciplina espiritual?
7. ¿Qué quiere decir que ayunamos para probar que somos humanos?
8. Según los profetas, ¿cuál era el propósito del ayuno?
9. Comente sobre algunos de los peligros del ayuno.
10. ¿Está de acuerdo con la idea de que hay personas que no deben ayunar? Explique.
11. Lea de nuevo el caso de María Orlando. ¿Qué le sugeriría para resolver el dilema del ayuno del coro y el desayuno familiar?

Capítulo 4: Lectura contemplativa de las Escrituras

Objetivo: Disfrutar del estudio contemplativo de la Biblia.
Preguntas para discusión y reflexión
1. Mencione algunas razones comunes para leer la Biblia.
2. Comente sobre la idea de usar la Biblia como un ídolo.
3. Explique el problema del autor con la natación y cómo el mismo sirve de metáfora del estudio de la Biblia.
4. Explique el significado esencial de la fase "coyunturas y tuétanos" (Hebreos 4:12) y cómo se aplica al estudio de la Biblia.
5. Identifique y explique diferentes niveles de profundidad en el estudio de la Biblia.
6. Explique el concepto "exégesis del corazón". Comente sobre alguna experiencia personal con este tipo de lectura bíblica.
7. ¿Cómo se encarna la Palabra hoy día?

Capítulo 5: La ofrenda como disciplina

Objetivo: Practicar el hábito de ofrendar y diezmar como actos de adoración.
Preguntas para discusión y reflexión
1. Mencione algunos tipos de ofrendas del Antiguo Testamento.
2. En los ejemplos bíblicos, ¿cómo afectaba la actitud del oferente la aceptación de las ofrendas?

3. Explique el concepto hebreo sobre la propiedad. ¿Cómo influye dicho concepto en la actitud y la acción de ofrendar?
4. ¿Dónde aprendió Abraham sobre el diezmo?
5. ¿Qué es lo primero que resulta de la práctica bíblica de diezmar y ofrendar?
6. Mencione elementos que pueden facilitar o entorpecer el acto de ofrendar como adoración.
7. Comente sobre el posible propósito del anuncio del dador alegre y el tacaño.
8. ¿Cuándo es la ofrenda una disciplina espiritual?
9. Comente sobre la siguiente afirmación: Para una persona soberbia es más fácil dar con generosidad que recibir con gozo.

Capítulo 6: La asistencia a la iglesia

Objetivo: Celebrar el misterio de la iglesia como comunidad del Espíritu.
Preguntas para discusión y reflexión
1. Explique la definición de iglesia que aparece al principio del capítulo.
2. ¿Qué quiere decir que la iglesia es un "sacramento general"?
3. ¿En qué sentido es la iglesia un milagro?
4. Explique la analogía de la sopa para describir la iglesia.
5. Compare y contraste la iglesia como institución y la iglesia como misterio.
6. Mencione algunas imágenes bíblicas de la iglesia y qué aspectos de la iglesia describe cada una.
7. Comente sobre las ideas del arzobispo Rowan Williams acerca de las ceremonias y ordenanzas de la iglesia.

Capítulo 7: La meditación como disciplina

Objetivo: Experimentar la presencia de Dios mediante la integración de la intuición y la voluntad, el intelecto y las emociones, la memoria y la imaginación.
Preguntas para discusión y reflexión
1. ¿Qué elementos de la vida cristiana incluye la meditación?
2. ¿Qué es Meditación Trascendental y cómo se diferencia de la meditación cristiana?

3. Explique el concepto de Ignacio de Loyola sobre la meditación.
4. ¿Quiénes eran los místicos y a qué se dedicaban?
5. ¿Por qué los reformadores se oponían al misticismo?
6. ¿Por qué es la meditación una disciplina difícil de cultivar?

Capítulo 8: La disciplina del perdón

Objetivo: Practicar el perdón como hábito de la vida cristiana.
Preguntas para discusión y reflexión
1. ¿Está de acuerdo con la idea de que perdonar es la excepción antes que la regla? Explique.
2. Dé ejemplos bíblicos de que la fuente del perdón es Dios mismo.
3. ¿Antepone Jesús, en el Padre Nuestro, el perdón humano como requisito del perdón divino? Explique.
4. Comente sobre la siguiente afirmación: La persona que es incapaz de perdonar es incapaz de vivir la vida perdonada.
5. Comente sobre el dilema de los hermanos de José en Egipto. Piense en ejemplos contemporáneos de este dilema.
6. Explique esta afirmación: Para perdonar, no necesitamos tener mucha fe; sólo saber quién es el Señor y quién el esclavo.
7. ¿Cuáles son los riesgos del perdón?
8. ¿Qué quiere decir que perdonar es libertar a otra persona de mi juicio personal? ¿Está de acuerdo con esa afirmación? Explique.
9. ¿En qué sentido es el perdón un elemento esencial para la sanidad integral?
10. ¿Cuál es la dificultad del perdón como disciplina?

Capítulo 9: Cuidado pastoral mutuo

Objetivo: Compartir la vida en comunidad, cuidándonos mutuamente en gratitud al cuidado de Dios.
Preguntas para discusión y reflexión
1. Compare y contraste los conceptos de consejería o asesoramiento y cuidado pastoral.
2. ¿Qué don se necesita para practicar el cuidado pastoral?
3. ¿Qué quiere decir *idónea*? ¿Cómo aplica al cuidado pastoral?

4. ¿Cuál es la prueba más grande del discipulado cristiano? Mencione algún pasaje bíblico que lo confirme.
5. Mencione algunas cosas que la Biblia nos insta a hacernos o no hacernos unos a otros.
6. Explique el concepto de cuidado pastoral como ecología.
7. ¿En qué sentido es la iglesia una ecología de cuidado? ¿una ecología de vocación?
8. ¿Está de acuerdo con la idea de que ser un creyente independiente es una contradicción? Explique.
9. Lea de nuevo la sección "Algo en qué pensar". Comente sobre la experiencia de cuidado pastoral de la autora.

Capítulo 10: La gratitud como disciplina

Objetivo: Practicar la gratitud como estilo de vida.
Preguntas para discusión y reflexión
1. ¿En qué sentido la gratitud facilita y enriquece la vida?
2. Comente sobre la brusquedad del cardiólogo al informarle al autor la gravedad de su condición. ¿Por qué cree que lo hizo? ¿Cuál fue el resultado?
3. Explique la siguiente afirmación: La acción de gracias era la norma original de la comprensión que tenía Israel de su relación con Dios.
4. Compare la alabanza y la acción de gracias.
5. ¿Qué relación guarda la Santa Cena con la acción de gracias?
6. Estudie uno de los salmos de acción de gracias mencionados en el capítulo. Comente sobre la forma y el contenido del mismo.
7. ¿Qué quiere decir que la acción de gracias es una actitud aprendida?
8. Dé un ejemplo de que Dios espera que seamos agradecidos.
9. ¿En qué sentido es la acción de gracias antídoto contra el pecado?
10. ¿Por qué es la ingratitud un acto de soberbia?
11. Comente sobre la experiencia de Corrie ten Boon. Piense en lo que para usted sería un equivalente de dar gracias a Dios por los piojos.

www.ingramcontent.com/pod-product-compliance
Lightning Source LLC
Chambersburg PA
CBHW011956150426
43200CB00016B/2921